京大人気講義シリーズ

組織の危機管理入門

リスクにどう立ち向えばいいのか

林　春男・牧　紀男
田村圭子・井ノ口宗成　著

丸善出版

まえがき

二〇〇一年九月一一日に米国で発生した同時多発テロを境にして、世界は大きく変ったといえる。同時多発テロは、これからの社会はその安全・安心の維持の問題に、言い換えれば危機管理の問題に、だれもが真剣に取り組まざるを得ない時代の幕上げとなったと考えている。それは、ちょうど一九九〇年に起きたベルリンの壁の崩壊が東西冷戦の終結とその後の新しい国際関係の始まりを象徴する出来事であったことに似ている。ベルリンの壁は米国を中心とする経済活動のグローバライゼーションの時代の幕開けとなり、その意味を十分に理解しなかったわが国にとっては「失われた一〇年」の出発点となった。その意味では、同時多発テロが意味するところはわが国にとっても非常に深くかつ大きい。これを他国で起こった一事件として見過ごすのではなく、社会の安全・安心の維持に個人としてどのように関わるのか、また組織はどのように立ち向えばいいのかを考える機会とするべきである。その時の指針となることをめざして、組織における危機管理をテーマに本書をまとめることにした。

危機は、自然によって引き起こされる災害、意図せざる人間の過失によって引き起こされる事故、人間が意図的に引き起こすテロの三種類に分類される。どのような種類の危機に見舞われても、組織が本来果たさなければならない社会的責任は存在する。また社会からの信頼に応えるために、組織における危機管理の目標とするべきは「組織の業務継続」である。本書では組織の事業継続を確実にするためのマネジメント手法についてまとめている。

全一三講で構成される本書は、組織の危機管理能力向上のために必要不可欠な業務継続マネジメントプロセスの基本的な考え方を、①対象とするべきリスクの同定と評価、②重大なリスクを回避するための戦略計画の策定、③万が一危機が発生した場合に備えた一元的な危機対応システムの構築、④高い危機管理能力をもつ人材育成のための教育・訓練の実施方法、の四側面から解説するとともに、この四側面について継続的に業務改善サイクルをまわしていくことの大切さを力説している。

第1講「危機とは何か」、第2講「危機管理のための体制づくり」、第3講「危機管理の方法――業務継続マネジメント」の三講では、効果的な危機管理を実現するために必要となる基本的な枠組みを述べている。それ以降は危機管理の具体的な方法論である。まずはじめに、第4講「リスク同定・評価の手法」と第5講「リスクの定量評価」では、危機管理の対象とするべきリスクの同定と評価のための方法を紹介している。次に組織にとって重大なリスクを回避するための戦略計画の策定手法を、第6講「危機管理のための戦略計画」、第7講「戦略計画の策定の方法」、第8講「業績評価と進捗管理」の三講で紹介している。それでも危機の発生を防ぎきれないことがある。万が一危機が発生した場合に備えて第9講「一元的な危機対応システム」、第10講「ICSによる危機対応組織の運営」、第11講「ICS導入のためのツール」の三講では一元的な危機対応システムの構築手法を紹介している。組織の危機管理能力を最終的に決めるのは人である。高い危機管理能力を有する人材を育成する手法について、最後の二講、第12講「教育訓練の基本的な考え方」と第13講「教育訓練の方法」で紹介している。

本書は京都大学全学共通科目として二〇〇五年度から開講している「リスクに立ち向かう」および、京都大学公共政策大学院で二〇〇六年度から開講している「危機管理論」での講義内容をまとめたものである。本書を執筆するにあたって、これまでの受講生から与えられた貴重なフィードバックは大いに参考になった。記して感謝したい。

また、本書は、一九九五年に発生した阪神・淡路大震災以来さまざまな危機事例に関して、私たちの研究チームで実施してきた効果的な危機管理の実現を目的とする一連の研究成果を踏まえて書かれている。そうした研究の実施にあたっては、文部科学省大都市大震災軽減化特別プロジェクト、文部科学省科学技術振興調整費「日本社会に適した社会基盤構築」、京都大学防災研究所二一世紀COEプログラム「災害学理の究明と防災学の確立」、およびセコム財団等による支援を得ている。これらの支援に対しても深く感謝する。

危機管理に関する自らの研究を整理するためにまとめたため、本書で述べていることは確定的ではない。決して網羅的ではなく、誤りも含まれていることをあらかじめお詫びするとともに、今後も継続して本書に盛るべき内容の改善の試みを続ける所存である。社会のいろいろな場で危機管理を考えるべき立場の方々のお役に少しでも立つことができればと考え本書を上梓したが、これらの一三講が読者の皆さんの参考になれば、筆者たちにとって望外の幸せである。

平成一九年師走

筆者を代表して
京都大学防災研究所教授　林　春男

目　次

第1講 危機とは何か

1 文化によって異なる「危機」のとらえ方

「危機」とは何かと問われると、当たり前すぎて、どう答えていいか迷うかもしれない。広辞苑を引けば「大変なことになるかも知れないあやうい時や場合。危険な状態」という辞書的な定義がある。しかし、世界にはさまざまな危機のとらえ方があり、それを知ることで危機の本質についてより深い理解を得ることができる。ここでは日本文化の基底を形づくる「漢字」文化圏での危機のとらえ方と、「英語」文化圏での危機のとらえ方を対比する。

「危機」を私たちは一つの概念として理解する。しかし、漢字文化の本流である中国では一つ一つの漢字が意味をもつため、危機には「危」「機」という二つの側面があるものと理解する。「危」は自分たちにとっての脅威としての危機である。基本的には日本語の危機はこの意味と同じである。一方で危機は自分たちにとっての絶好の機会、つまりチャンスであるととらえるのが「機」の意味である。

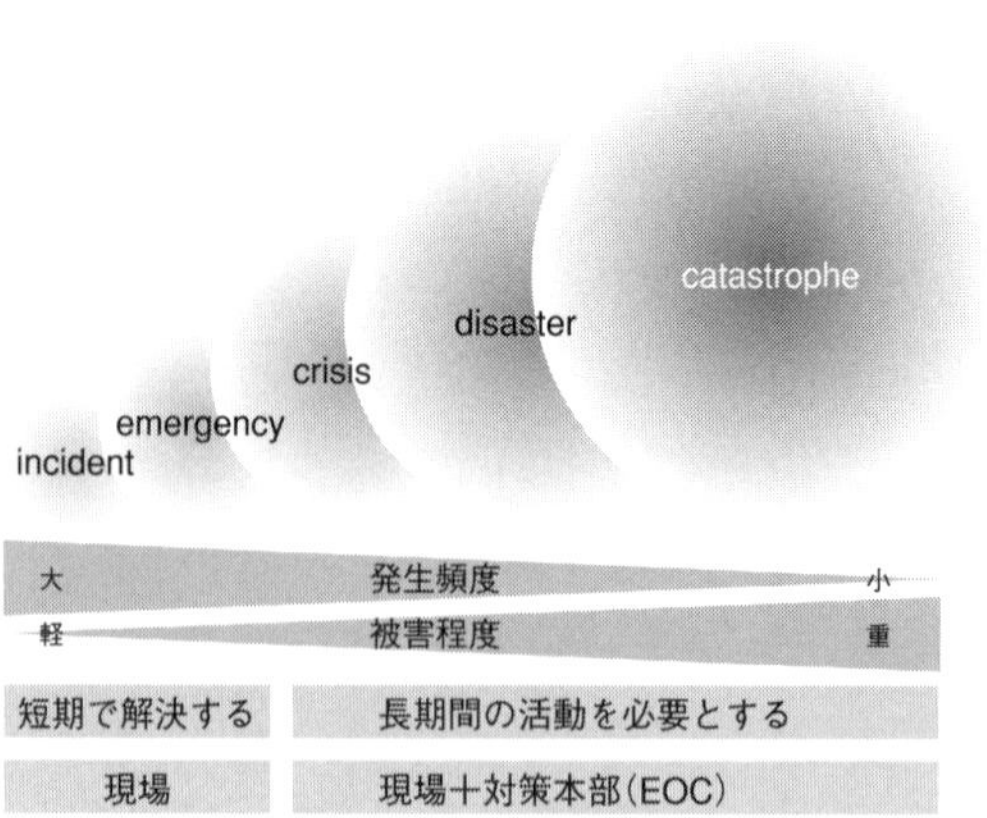

図1−1　英語圏での5種類の「危機」表現

これは日本語の意味には含まれていない危機の側面である。しかし、危機対応の事例を振り返ると、危機を乗り切ることに失敗して淘汰《とうた》された組織は、動燃（動力炉・核燃料開発事業団）、雪印乳業などたくさんある。一方で危機を上手に乗り切ることで組織の社会的信用を高め、マーケットシェアを拡大させた例もある。もっとも有名な事例としては一九八二年、鎮痛剤タイラノールカプセルに毒物を混入された際の米国ジョンソン&ジョンソンである。危機に「危」「機」という二つの側面があることを知ることは、危機管理の重要性を考える上で重要なポイントである。

一方、英語には「危機」にあたる言葉として次の五つの表現がある。すなわち、incident, emergency, crisis, disaster, catastrophe の五種類である。これら五つの表現は「危機発生の頻度」と「発生した場合の被害規模の大きさ」によって、図1−1に示すような関係をもつ。

もっとも頻繁に起こり、規模が小さな危機を incident とよぶ。emergency までは担当者の通常の勤務時間内で対応が完結する程度の規模であり、危機が発生した現場だけで対応が可能な事態である。

crisis以上の規模となると、対応も長期化し、対応する人員の交代が必要となる。しかも現場の規模も拡大し、または同時に複数の現場での対応が求められることが多くなり、全体的な調整をするための対策本部（Emergency Operation Center：ＥＯＣ）を設ける必要がでてくる。自然災害は大規模化する可能性が高く、通常disasterとよばれる。catastropheは米国政府が主になって対応しなければならないほどの規模の危機である。最近の事例では二〇〇五年に発生したハリケーン・カトリーナ災害がこれに該当する。

図1―1から明らかなように、英語圏では危機は五つの異なる表現で表されるものの、発生頻度と被害規模によって区別される一連の現象としてとらえられている。こうした英語圏での考え方は、どのような規模の危機に対しても基本的には同じ方法で対応しようという考え方につながっている。したがって、英和辞典にはそれぞれ違った訳語があるが、これら五種類の言葉はどれも「危機」と訳さないと正確な意味が伝わらなくなることに留意する必要がある。

2　危機の定義

前述したように「危機」のとらえ方は文化によって大きく異なる。そこで本書では、「危機」をどのようにとらえるのかを定義する必要がある。本書は組織にとっての危機管理を考えることを目的としているので、危機には以下の四つの特徴が含まれるといえる。

① 予想外の出来事
② 悪い結果をもたらす出来事

③　業務を中断しても対応する出来事

④　組織全体として対応を必要とする出来事

まず第一は、危機は予想外の出来事である。日常的に小さな危機は数多く起こっている。予定通り、思った通りにことが進まないのは日常茶飯事かもしれない。ある組織に入ってきたばかりの新人にとっては、毎日がまさしく危機の連続かもしれない。しかしベテランにとっては、その多くは予想できること、想定内のことであり、それなりの対応が事前に決まっている。本当の意味での危機は、そうしたベテランの予想を超えることである。そのため、「まさかというようなこと」「あろうはずのないこと」が起こったと考えられるのが危機である。

第二の特徴は、危機は悪い結果に帰着する出来事である。たとえば人命に危害が加わる、あるいは組織の評判が傷つく、組織の事業活動が継続できなくなる、と予想される事態である。危機が目の前で発生することはほとんどなく、多くの場合、何か大変なことが起こったという一報から危機は始まる。そのとき、ほうっておいたらどういう結果になるのかを考え、そのままでは悪い結果につながると予測できるのが危機である。当然、世間の厳しい評価の中での対応が求められる。

第三の特徴としては、そのとき行っている業務を中断してでも、対応することが求められるような出来事である。そのため、確実に仕事量は増加し、時間との勝負での迅速な対応を迫られる。

第四の特徴は、組織全体として対応するべき出来事である。本来組織とは、通常の業務をその部局内だけで処理できるように設計されている。「組織の縦割り」はいろいろなところで批評されるが、業務効率を考えると、通常の業務が自己完結的に遂行できるように、組織の規模や権限は配分されている。それでは処理できずに、組織全体を巻き込んだ対応が必要となるような出来事が危機である。そのため、普段やっていない不慣れなことをたくさん実行する出来事でもある。

3 なぜ危機は発生するのか

危機発生の背景には、現実とそれについての認識のずれが存在している。私たちは必ずしも現実そのものと直面しているわけではない。コンピュータゲームがつくりだすバーチャルリアリティ（仮想現実）世界が如実に示すように、現実そのものとその認識は異なるものである。しかし、日常生活では、私たちは経験を通して、現実と認識の対応関係を学んでいるため、認識と現実の間にはずれがなく一致している。そのため、私たちは自分たちの認識を現実と見なして毎日を過ごしていても、あまり支障がない状態にある。

ところが、現実とそれについて人々がもつ認識との間の対応関係が破れることがある。それが危機発生の必要条件である。したがって、何によって現実と認識のずれが生じたのかによって、危機には以下に示す二種類が存在している（図1‒2）。

① 大規模で急激な現実の変化による危機

② 人々がもつ認識のゆがみに起因する危機

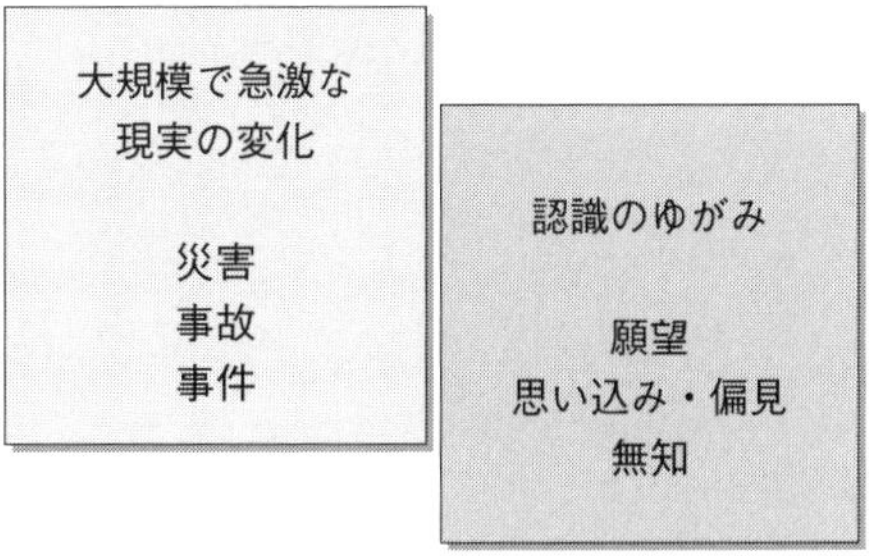

図1−2　発生源からみた二種類の危機

大規模で急激な現実の変化による危機の典型が、自然災害、事件や事故によるものである。

一九九五年一月一七日未明に起きた阪神・淡路大震災は六五〇〇名に及ぶ死者、一〇兆円にのぼる直接被害を与える未曾有《みぞう》の大災害となった。しかし、そのことを予想して、前の晩、眠りについた人はほとんどいない。一夜明けると、自分たちが知る町とは全く異なる惨状がそこにはあった。そのとき多くの人々はできることなら前日の一六日に戻りたいと思ったはずだ。しかし彼らに求められたのは、この現実を把握し、その中で生活できるように自分たちの認識を再構築することであった。現実が変化し、それに対応できる新しい認識像をつくり直すまでの間、人は危機に直面しているといえる。

現実の急激な変化による危機が発生した場合、情報の収集と共有が大きな意味をもつ。危機発生の当初はだれしも新しい現実の姿を正確には知らないために、いろいろな混乱が生じる。それを解消するためには、いま何が起こっているのか、どういう状況にあるのか、ということを迅速、かつ正確に人々に知らせる広報が大きな役割を担うことになる。

一方、認識のゆがみに起因する危機には、願望によるゆがみ、思い込みや偏見によるゆがみに起因する。この場合は、現実は安定しているものの、人々の認識の枠組みがゆがんでいるために、現実を正しく理解できないことで危機が発生する。なぜそうなるかといえば、私たちには現実をあるがままにみることよりも、自分の思いにそってみたいという願望が存在しているからである。ひいきの球団の優勝を最後まで信じる程度の願望ならば深刻な問題とまではいかないが、特定の人々に対する根拠のない否定的な思い込み、あるいは偏見は社会問題でもある。

認識のゆがみに起因する危機の中でもっとも怖いのは、私たちがそういうことを知らない、全く認識できない、つまり無知であることに起因する危機である。新興感染症として話題になったＡＩＤＳ、ＳＡＲＳなどは人類にとって未知の、つまり人間にとって無知の感染症である。一九九六年に大流行した腸管出血性大腸菌Ｏ-１５７は、人々に知られていない新種の大腸菌である。大腸菌と聞けば大したことはないと思い込みがちだが、その本当の怖さを知らないために危機が拡大する危険性がある。こうした新種の危機については、正しい情報の提供や、教育・研修の必要性がある。

さらに、わが国を取り巻く環境は、国際化、高齢化、都市化、技術の高度化という四つの面でゆっくりと、しかし大きく変わり始めている[1]。そのため、日本について私たちがもつイメージと、現在の日本の実際のありようがずれて、認識のゆがみが生まれている。たとえば、日本は同質性の高い国であると論評されるが、すでに現在の日本には何十万人もの外国人が暮らしている現実があることを忘れてはいけない。

4　危機と判断するべき基準

危機に遭遇した人が最初に直面する困難な課題は、危機を危機と判断し、危機でないものを、危機ではないと判断することである。これが、マスコミが報道する危機と実際に体験する危機の一番大きな違いである。マスコミ報道は、最初からすべてがわかったような形で報道する。ところが、同時進行していく危機の中で、私たちは危機を最初から危機だと判断できているわけではない。危機でないものを危機だと思い込んでしまうこともあれば、見落としてしまうこともある。そういう意味では、

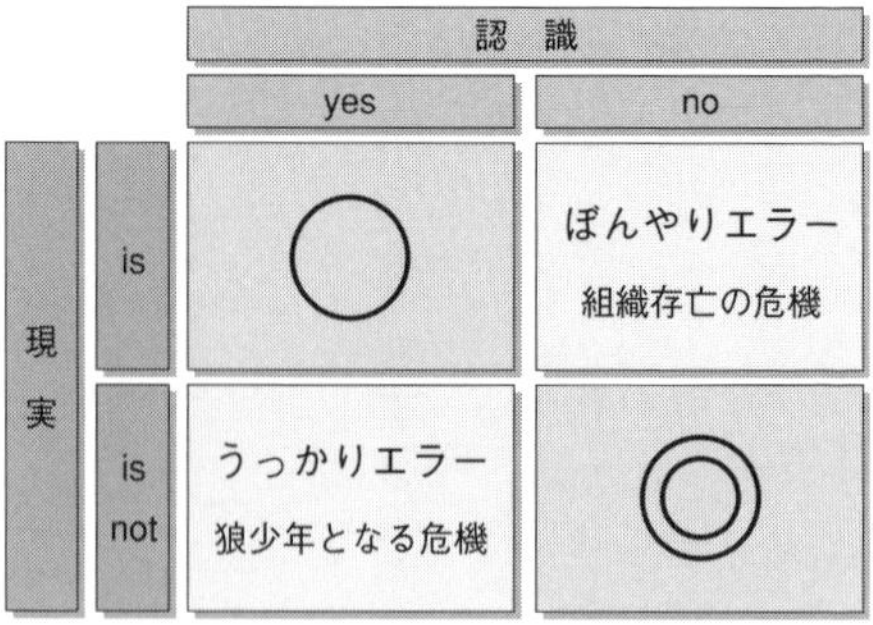

図1−3　危機判断におけるうっかりエラーとぼんやりエラー

危機を危機と判断し、危機でないものを危機でないと判断することは大変に難しい。

そこで、うっかりエラーとぼんやりエラーが発生する危険性が生まれる。図1−3は現実と認識の組合せである。縦軸の現実は、現実に危機が発生したか（is）、発生していないか（is not）を示す。横軸の認識は、危機だと認識した場合（yes）と認識しない場合（no）を示す。危機が発生した場合に、いち早く危機だと認識できるis−yesの状況は組織にとって大変に望ましい。しかし、本来もっとも賞賛されるべきは、危機でない場合に、それをきちんと見抜くis not−noである。なぜならば、この場合には何も特別な対応をせずにすむために、コストがかからないからである。

しかし、こうした判断は難しく、危機でないものを危機だと誤認する「うっかりエラー」と、危機を見逃す「ぼんやりエラー」が発生する危険性がある。うっかりエラーを犯した人は結果としてオオカミ少年となり、組織でのその人の将来はなくなる。そのため、自分の将来を考えると、うっかりエラーを避けようとして慎重になりがちである。

そうなると、今度はぼんやりエラーの危険性が高まる。危機が発生しているのに、それに気づかずに、対応の機会を逃すことになる。その場合には、雪印乳業の場合のように、組織そのものの存亡につながる危険性が高くなる。

「うっかりエラー」「ぼんやりエラー」は業務改善のためのTQCで使う用語である。それを「空振りの三振」「見逃しの三振」と表現する場合もある。見逃しの三振はぼんやりエラーであり、空振りの三振はうっかりエラーである。そして、見逃しよりは空振りの三振をしろというアドバイスが通常は書かれている。組織を存続させるためには当然であるが、人はできるだけうっかりエラーをしないように振る舞うはずである。こうした慎重さを取り除くためには、空振りした人を責めない、むしろ空振りを推奨する、という価値体系や評価体系を組織で共有することが必要である。

5 危機判断の基準

どのような状況を危機と判断すべきかについて、個人の判断ではなく、より客観的な基準として、佐々淳行（一九七〇）は、次の三つの基準を紹介している[2]。

① 人命がかかわっているのか
② 世間が騒いでいるのか
③ 計画で定めた基準を満たしているのか

第一の基準は、人命にかかわる事態ならば、空振りでもいいから危機として対応するということである。人命はかけがえのないものであり、命に別状がなければ何よりなので、コストを恐れずに、最悪に備えて対応するという原則は納得が得られるだろう。

次に第三の基準をみると、計画で定められた基準を満たしていれば、結果がどうであれ対応するのである。自然災害を例にすると、地方自治体には地域防災計画の策定が義務づけられている。そこには、管内で震度五弱以上の揺れがある場合には災害対策本部を開設するといった規定が盛り込まれており、緊急事態に迅速に対応できるようになっている。

こうした二つの基準の特徴は、個々人の判断能力に左右されることなく、職員の危機対応が可能になる点である。そういう規定を英語ではルール・オブ・エンゲージメントとよび、ROE（Rules of Engagement）と略している。どういう状況になったら危機と見なすかというROEをあらかじめ決めておくというのは危機管理上大変重要なことである。

最後に第二の基準をみると、明確なROEがつくれないグレーゾーンでの対応を扱っている。佐々淳行は公職にある人にとっての「世間」を取り上げ、それは議会、マスコミ、抗議団・陳情団の三種類で構成されているとしている。言い換えれば、市民の代表として、公職にある人の活動に深くかかわってくる人たちである。いろいろな社会的立場によって、当然「世間」の構成要素は相いれないものがある。しかし、自分の認識と「世間」の認識とのずれは危機のサインとしてとらえるべきことはどのような社会的な立場にとっても共通している。

第2講 危機管理のための体制づくり

危機管理は一人ではできない、長い時間を要する事業である。そのために、危機管理を実践するにあたって、まず考えるべきは危機管理の体制づくりである。関係者の協力のもとに継続的な事業として危機管理を行う体制をつくることである。そのポイントは「ステークホルダーの明確化」と「リスクマネジメントアプローチの採用」である。

1　ステークホルダーの明確化

危機管理のための体制づくりにあたって、まずするべきことは、利害関係者はだれなのかを考えることである。たとえば雪印の倒産の事例では、消費者よりも自分の組織を守ることを優先させたとみえる社長の言動が、会社の社会的信頼を失墜させている。どの組織の活動も組織の構成員だけで行われているわけではない。消費者をはじめとするさまざまな個人や組織との関係があって、事業の継続が可能になっている。したがって、このように組織の事業継続に客観的に「かかわりをもつ人」、あるいは「かかわりをもつと信じている人」とともに危機管理を進めないかぎり、その成功は難しい。こうした組織の事業継続に関する利害関係者を、最近はステークホルダーとよぶことが多い。

危機管理の第一歩は、だれがステークホルダーなのかを明確にし、その人たちと一緒に危機管理に取り組む体制を構築することである。自分の組織の中だけで閉じ込もると、組織外部にいるステークホルダーとの間に認識のずれが生まれる危険性が高くなるからである。とくに、中核となるステークホルダーを欠いたまま事業を進めると、「そんなことは聞いていない」とあとでトラブルになることはほぼ間違いない。したがって、組織の事業継続にかかわりがありそうな個人や組織をすべてリストして、主なステークホルダーは絶対に外さないことが危機管理の第一歩である。

2　なぜステークホルダーを考慮する必要があるのか

主なステークホルダーを集めることにはどのような利点があるのだろうか。少なくとも二つの利点がある。第一の利点は、多様な立場の人たちが集まることによって、さまざまな見方が紹介され、結果として新しい見解が成立することである。その結果、さまざまな見方が考慮され、だれもが納得できる合理的な結論に落ち着くケースが多い。第二の利点は、ステークホルダーとしてこれまでかかわりのなかった人々が集まることで、人々の間に新しい人間関係を築くきっかけとなることである。危機管理においても、相手がだれなのかを知っているのと知らないのとでは、部局間や組織間の連携に大きな差が出ることがよく知られている。いざというときに一緒に仕事をすることになる人たちが事前に顔を合わせ、知り合いになれる好機である。

しかし、だれをステークホルダーだと考えればいいのだろうか。Weisbord & Janoff（2000）は、アイディアをもつ人、決まったことを実行する立場にある人、必要となる専門技術をもつ人、創造性に富んだ人、自分たちが影響を与えたいと考えている人、を主なステークホルダーと考えるべきだと指摘している。[1]

3 ステークホルダーを集めることが合理的な解決につながる

ステークホルダーの大切さとその威力を実感させる事例として、阪神・淡路大震災のあとに芦屋市で起った仮設住宅の移転問題を紹介しよう。芦屋市は高級住宅地として有名な人口九万人ほどの市である。震災で甚大な被害を受けたため、仮設住宅建設が必要となったが、公共用地が足りないために、公立学校の校庭を仮設住宅用地に転用せざるをえなかった。震災から一年が経過し、仮設住宅の居住者も減ったこともあり、市側は校庭の仮設住宅を廃止し、別の所に集約する計画を立てた。市の担当者が仮設住宅を訪れ、住人に協力を依頼すると、「俺たちに死ねというのか」と拒絶された。市と仮設住民の利害はするどく対立し、いわゆる手詰まり状態になった。

この手詰まり状態を芦屋市はどうやって打開したのかというと、公立学校の校庭にある仮設住宅の移転問題に関する主なステークホルダーをすべて集めた五者会議を提案した。そこでは仮設住宅の住民と市役所以外の利害関係者を考えた。まず校庭が使えない子供たちも利害関係者ではあるが、さすがに子供を交渉の場に出すことはできないので、学校の先生と保護者の代表が参加した。さらに、突然出現した仮設住宅団地を受け入れなければならなかった周辺住民の代表も参加した。

五者会談の結果、市内八校のうち一校を除いて移転が決定した。移転が決まらなかった学校での五者会談では、仮設住宅の自治会の代表がＰＴＡ副会長でもあり、その二つの役割を担って会議に参加していた。この事例は、主要な利害関係者を全部集めて議論をすると、先ほどのような手詰まりは起こらず、合理的な結論に達することを示唆している。危機管理はあまり楽しい課題ではない。だからこそ合理的な結論を導くには、主要の利害関係者がすべてそろっている場で議論することが不可欠になる。

4 ステークホルダーの範囲は広い

危機管理の当事者はステークホルダーを狭くとらえてしまう傾向がある。それを二〇〇四年に起こった鳥インフルエンザの流行を事例としてみてみよう。山口県、大分県での小規模な発生に引き続いて、京都府船井郡の養鶏場で大規模な鳥インフルエンザが発生した。これはわが国で初めて発生した鳥インフルエンザ流行の事案だった。しかし、この事案でもっとも大きな影響を受けたのは、その養鶏場が主たる消費地としていた兵庫県の阪神地域だった。

兵庫県は食の安全に関して先進県であり、専任の食品安全官を置いている。また、厚生労働者がまとめた鳥インフルエンザ危機管理マニュアルを参考にして、兵庫県も同様なマニュアルを二〇〇三年に整備していた。ある意味で対応に自信をもっていたのだが、実際の危機対応ではいくつもの問題点が存在していた。その理由の一つが兵庫県の危機管理マニュアルにあるステークホルダーの狭さである。マニュアルでは養鶏業者と監督官庁だけをステークホルダーとしており、鳥インフルエンザの発生を予防するために養鶏業者がとるべき措置と、鳥インフルエンザが発生した場合に感染した鳥をどのように安全に処分するのかの手続きだけが記載されていた。

ところが実際の鳥インフルエンザの流行に際して、兵庫県はマニュアルにない予想外のことへの対応に忙殺されることになった。第一は、消費者による買い控えである。安全が保証されるまで鶏肉は買わない、卵は買わない、という消費者心理が働き、消費が低迷したが、こうした風評被害対策は用意されていなかった。それに追い打ちをかけたのが、兵庫県の教育委員会による「安全性が保証されるまで、当分の間、学校給食に鶏肉は使わない」という宣言で、部局間の足並みの悪さまで明らかになる。

さらに、「野鳥の死骸発見報告」が保健所に殺到したことも当初予想されていなかった。あそこにハトが死んでいる、ここにカラスが死んでいた、これは鳥インフルエンザによるものなのか検査して欲しいという依頼が二千何百件寄せられた。保健所の規定では専門の検査機関に検査を依頼し、一週間ほどして検査結果が戻ってきて、その報告をすると定められていたが、こうした想定外の業務量を処理するための人員配置も予算措置もなく、情報処理の仕組みもない状態だった。

この事例は、危機が発生した場合のステークホルダーは、当初マニュアルにあった養鶏業者や監督官庁だけでなく、マニュアルにはない教育委員会や保健所、検査機関、消費者団体、マスコミもこの問題のステークホルダーであることを示している。最終消費者につながるこうしたステークホルダーを考慮せずにいたことが、発生後に慌てて対応策を考え、実行するという兵庫県のどたばたにつながっている。

これはどの危機事案にもほぼ共通する特徴である。危機管理の担当者は、平時にかかわりをもつ個人や団体だけをステークホルダーと考えがちなのである。しかし、実際に危機が発生すると危機は社会現象となるため、ステークホルダーの範囲の幅広さが顕在化する。その段階から中核となるステークホルダーを集めることはきわめて難しい。だからこそ危機管理を始める段階から、ステークホルダーはだれなのかを考えることが不可欠なのである。

5 リスクマネジメントアプローチの採用

阪神・淡路大震災の教訓として、

① 危機に瀕すると、組織は普段やっていることしかできない
② 普段やっていることも満足にできない
③ いわんや普段やっていないことは絶対にできない

ということがある。この教訓が教えることは、危機管理は特別の活動ではなく、日常的な組織活動の「過程」としてとらえる必要があるということである。言い換えれば、組織の毎日の業務を遂行する「過程」のマネジメントが危機管理なのである。したがって、組織の危機管理能力を向上させるためには、組織の業務遂行水準をどのような不測の事態にも対応できるように継続的に向上させることを目標として掲げ、それを実現する「仕掛け」を日常業務の体制に組み込むことが危機管理の重要なステップとなる。こうした取組みをリスクマネジメントアプローチとよぶ。

組織の業務遂行水準の継続的な向上は、継続的な業務改善の一環として位置づけられる。言い換え

れば不測の事態に対する組織の対応という面でもPlan－Do－Check－ActionというＰＤＣＡサイクルを適用することが求められる。危機管理するべき対象であるリスクを同定し、それに対してどのように対応するべきか考えるのがプラン（Ｐ）である。それを踏まえて日常業務を実践することがドウ（Ｄ）である。実践した結果うまくいったものと、いかなかったものを評価するのがチェック（Ｃ）である。そして、次の危機に備えて不具合を改善するのがアクション（Ａ）である。不測に事態への対処を考慮してこうした業務改善の過程を毎日の業務に生かすことが、リスクマネジメントアプローチの大きな特徴である。

リスクマネジメントアプローチのもう一つの優れた点は、組織が行う業務をいくつかの要素とその結びつきとしてとらえるシステムアプローチを採用していることである。業務を一つの固まりととらえると、業務改善はそれを採用するのか、取り替えるのかの選択でしかない。しかし、業務をいくつかの要素のつながりをみることで、どこに不具合があり、どこを改善するべきかが明らかになる。その意味ではシステムアプローチは組織にやさしい改善方法であるといえる。

6　ステークホルダーの参画によるリスクマネジメント

本講では、危機管理を実践するための土台として、「ステークホルダーの明確化」と「リスクマネジメントアプローチ」の二つを紹介した。この二つの土台はけっして独立に存在するわけではない。むしろステークホルダーが、リスクマネジメントに参画する必要性が強く指摘されている。

業務改善の方法として世界が日本のＴＱＣ（Total Quality Control）活動に学んだことが、ＰＤＣＡ

サイクルによる継続的な業務改善である。その結果、製品やサービスの品質マネジメントに関するISO 9000や環境マネジメントに関する14000でも、PDCAサイクルをまわすことを基本としている。しかし、わが国のTQC活動とISO 9000あるいは14000に代表される継続的な業務改善の考え方には大きく異なる点がある。それがステークホルダーの参画の問題である。TQC活動は基本的には自らの会社の中だけ、あるいは自分の部局の中だけでの改善活動であり、ステークホルダーに対する考慮が少なかったといえる。一方ISOでは、何を目標とする改善なのかを強調するための手段として、関係するステークホルダーの参画を非常に重視している。すなわち、ステークホルダーが一緒になってPDCAサイクルをまわすことで継続的な改善を実現するという新しい枠組みを提起している。こうした考え方に従うと、危機管理とは、不測の事態に対応できるように組織の経営体質をステークホルダーの参画を通して継続的に向上させる試み、と定義できる。

ステークホルダーにはいろいろな立場、いろいろな考えの人がいて、その人たちが参画することはいたずらに事態を混乱させるだけだと危惧する人も多い。しかし、この点については、ステークホルダーの参画のあり方をよって大きく状況が異なる。ステークホルダーの参画には、whatレベルとhowレベルの二つのレベルが存在する。whatレベルとは「何をするべきか」を議論するときにステークホルダーの参画を求める方式である。一方howレベルとは、方向性が決まった上で、その実現手法について議論するときにステークホルダーを参画させる方式である。

ステークホルダーの参画における二つのレベルの違いを考える例として、陸上自衛隊のイラク派遣を考えてみよう。二〇〇三年一二月から二〇〇六年七月までの約二年半の間、陸上自衛隊は人道復興支援活動と安全確保支援活動のために比較的治安が安定しているイラク南部のサマーワに派遣された。この地域全体の治安維持はオランダ軍の管轄下にあった。サマーワにおける人道復興支援活動ではオランダ軍も自衛隊もどちらもステークホルダーの参画を強く意識していたが、参画方式はオランダ軍と自衛隊とでは大きく異なっていた。

陸上自衛隊は「給水」「医療支援」「学校・道路の補修」を三本柱として人道復興支援活動を行った。その際に、たとえば小学校を建てるのにあたって、地元の人たちに壁の色を決めてもらうなど、howレベルでの参画方式を採用した。しかし、この方式はけっして評価は高くなかったという。一方、オランダ軍は活動を開始する際に住民を集めてどのような支援を望むのかを尋ね、その実行を約束するとともに、活動に対する地元住民の協力を要請したという。これはwhatレベルの参画である。

この事例は、何をするのかの方向性を決定する際にはステークホルダーの参画を求め、その実現は実行担当者に任せる方式のほうが、プロが決めた方向性に基づいてステークホルダーが集まり実行の細部を詰める方式よりも、有効性が高いことを示唆している。その意味では、危機管理においても、最初の段階でステークホルダーが集まって全体としての方向性を議論し、具体的な細部についてはそれぞれの専門家に任せる関係を構築するほうが合理的である。

第3講 危機管理の方法——業務継続マネジメント

1 危機管理とは何か

これまでに、危機とは認識と現実のずれによって発生すると定義した。本講では危機を管理するとはどういうことかを考える。個人としての危機であれ、組織としての危機であれ、危機管理の本質は、次の五つの質問に番号順に答えることである。

① 何を目標とするのか
② 予想される問題は何か
③ その原因は何か
④ 問題発生を回避する対策は何か
⑤ 問題が発生したときの影響を最小限にする対策は何か

これらの問いに答えるときに、番号順に答えることが大切な点である。したがって危機管理の第一歩は、自分たちが目標としているものを明確にすることである。言い換えれば、危機対応にあたって、何ができれば自分たちの対応は成功だと判断できるのかを明確にすることである。目標が決まったら、その達成を阻む問題を明らかにすることである。これが第二の問いである。問題は、理想と現実のずれの結果にすぎない。したがって問題を解決するには、問題をみるのではなく、それを生み出した背後の原因を探すことが求められる。これが第三の問いである。

原因が突き止められたら、それを取り除くための方法を考えることが第四の問いである。同時に、万が一問題が発生した場合に、その影響を極小化する方法を考えることが第五の問いである。どのような種類の危機であれ、この五段階を踏んで考えれば、基本的に問題を処理することができると考えるのが危機管理である。以下、危機管理の目的についてくわしくみていく。

2　危機管理の目標

危機管理は、自分たちが何を目標としているのかを明確にすることから始まる。言い換えれば、どのような状況になっても継続するべき事業を明確にすることが重要である。それは危機が発生した場合に、自分たちの対応を成功だと判断する根拠を明確にすることでもある。なぜならば危機対応では、世間の評価が厳しい中での対応を求められることが通常である。そうしたとき危機対応者の精神衛生のためにも、危機対応が成功したのか、失敗したのかを自分たち自身で判断できる基準をもつことが必要なのである。

阪神・淡路大震災の対応に従事した兵庫県のある職員は「自分たちの対応が大変悔しい」と述懐し

た。県の職員としてもっといろいろ県民にすべきことがありながら、思ったようにはできなかったことが、不甲斐なく悔しいという。しかし、このように自分を責めるのは健全ではない。厳しい世間の評価に加えて、危機対応の当事者までが自分に対して厳しい評価を下すことは、自分で自分を精神的に追い詰める結果となるからである。米国の危機対応の現場では、「スーパーマンになるな」を合い言葉として、対応者の無理ながんばりを互いに戒めるようにするなど、危機対応に従事する人たちの精神衛生面の配慮がなされている。

むしろ、普段やれることもできなくなる状況が危機の特徴なのだと、発想を変える必要がある。普段通りにすべてはできないとしたら、最低限やらなければならないことは何かを明確にし、それだけは実行するように心がけることが重要である。つまり自分のやるべきことに優先順位をつけ、順位の高いものから順に実行することである。しかも、それは重要な活動だと社会的に評価される必要がある。そのためには普段から仕事に優先順位をつけ、順位が高いほうから実施することを習慣にして、いつも自分は何をするべきかを明確に理解することが求められている。こうした考え方が組織の事業継続の基本である。

3　危機管理の目標としての事業継続

近年、企業を中心として「事業継続（Business Continuity Management：ＢＣＭ）」という観点から危機管理をとらえる考え方が主流となっている。ＢＣＭは組織がなぜ危機管理を行うのかという点に着目して危機管理をとらえる考え方である。英国規格協会では、ＢＣＭを「組織を脅かす潜在的なインパクトを認識し、利害関係者の利益、名声、ブランドおよび価値創造活動を守るため、復旧および対応力を構築するために有効な対応を行うフレームワーク、包括的なマネジメントプロセス」と定義している(1)。

企業の事業継続が危機管理の中心命題になった大きなきっかけとして、企業活動へのコンピュータの導入がある。現在コンピュータに頼らずに企業活動ができる企業はないといえるほど、企業の業務遂行はネットワーク化されたコンピュータに依存している。そのため、事故や災害などによるコンピュータの停止やデジタルデータの消失は、企業の事業継続にとって最大の障害となる。米国のある調査では、世界規模の大企業でもコンピュータの停止によって五日間以上事業が停止すると、倒産する危険性が高いと考えられている。こうした情報セキュリティに関する危機を予防して事業継続を確保できるか、万が一危機が発生した場合の影響を極小化して、いかに早期に事業再開をはかることができるかが、企業の危機管理の中心課題となってきた。コンピュータの停止はさまざまな原因によって発生するため、事業継続を中核において危機管理を考えれば、総合的な視野から企業を取り巻くさまざまな不測の事態に対応できるように危機管理をとらえ直す契機となる。

企業の事業継続の重要性は、二〇〇一年九月一一日の米国同時多発テロによって一段と深まった。グローバル化が進む世界は経済的な相互依存の度合いを深めており、生産国、加工国、消費国、さらに全体をマネジメントする国が異なることも珍しくはない。米国企業は、同時多発テロから、世界中に張り巡らされたサプライチェーンの脆弱性を認識した。テロからサプライチェーンを守るためには、世界中それを構成する世界中の企業に対して、事業継続を中心に据えた危機管理を推進させる強い力が必要となった。

わが国でも二〇〇五年から内閣府（防災担当）は「事業継続ガイドライン」を公開し、地震に特化した企業の事業継続を促進している。[2] その背景には、今後三〇年間に七〇%の確率で、首都直下でマグニチュード七規模の直下地震が起こると予測され、最悪のシナリオでは死者一・二万人、総額一一二兆円の被害が発生すると推定されている。この額は現在のわが国の国家予算の一・五倍にあたり、未曾有《みぞう》の災害である。首都圏は政治・経済・文化の中心であり、しかも国内外の多くの企業の本社機能が集中しているため、その事業継続は大変に重要な課題である。

ＢＣＭは企業にとっての危機管理の概念としてこれまで展開してきた観があるが、けっして企業だけに適用されるものではない。行政、ＮＰＯ、学校などどのような組織においても、さまざまな不測の事態に備えて事業継続を確実に行い、万が一無理な場合には早期の事業再開をはかることを中心にして危機管理を考えることは可能である。むしろこれからはどのような組織であれ事業継続を中心課題として危機管理を考えていくべきであると考える。なお、組織の事業継続に関する取組みをまとめたものが事業継続計画（Business Continuity Plan：ＢＣＰ）である。

4　危機管理の二つの目標

危機管理の第一ステップの到達点は危機管理の目標を明確にすることである。目標が違えば、問題となる点も違ってくるので、危機管理においては、何が達成できれば危機管理は成功であるのかを判断する基準を決めることが重要である。組織活動の特性について分析すると、組織の危機管理の目標は次の二つに集約できる。すなわち、①組織の社会的責任を果たす、②組織の社会的信用を守る、である。

組織は原材料を集め、そこに付加価値をつけ、プロダクトの生産やサービスを「客」に提供する活動をしている。反社会的組織でないかぎり、組織は社会にとって有益な活動を行うことを目標としている。言い換えれば、組織の達成目標は、その組織がどのような社会的価値を実現したいと考えているのか、あるいはどのような社会的責任を負おうとしているのかを示しているといえる。企業ではこれを企業の社会的責任（Corporate Social Responsibility：ＣＳＲ）とよんでいる。たとえば災害発生時には、組織の事業継続にとってさまざまな脅威が存在している。そうした脅威があっても客が求めるプロダクトやサービスの提供を継続できることで、組織は社会から負託されている社会的責任を果たすことになる。そのため、組織の社会的責任を果たすことが危機管理の第一の目標となる。

逆に組織が事業継続できるにもかかわらず、社会がそれを拒否する状況もある。とくに客の安全に関する問題が発生する、あるいは組織内部で不祥事が発生すると、社会から組織に寄せられている信頼が一挙に崩れる危険性がある。一度失った信頼は取り戻すことはきわめて難しく、結果として、組織の社会的責任を果たすことができなくなる。そこで、組織に寄せられている社会からの信頼を守ることが、危機管理の第二の目標である。

5　なぜ組織の「社会的責任」と「社会的信頼」なのか

先に述べた二つの目標が危機管理の使命であると言い切る背景には、「人の集まり方」と密接に関係がある。人の集まり方には図3−1に示すように、「集合（aggregate）」「集団（group）」「組織（organization）」の三種類がある。「集合」とは、電車やバスに乗り合わせている人たち、あるいはデパートや劇場などで、たまたま居合わせた人たちが置かれた状況である。そこに居合わせた人々は物理的に近接しているものの、それぞれ個別の目的をもつ個人の集まりにすぎない。共通の達成目標もなく、全員に行き渡るコミュニケーションチャネルは存在していない。

集合状態の人々が共通の目標をもつと「集団」となる。優勝をめざして一丸となっているときと、優勝戦線から脱落したときとでは同じチームでも強さが全く異なることはプロ野球チームをみると明らかである。これは「優勝」という共通の目標をもつことで、ばらばらな個人が単に集合した状態からチームが集団化したためと説明できる。では明確な達成目標をもたない「遊び仲間」も集団なのだろうか。答えはイエスで、「遊ぶ」という共通の目的をメンバー全員がもつかぎり、それも立派な集団である。

	集合	集団	組織
達成目標	×	○	○
構成員の交代	×	×	○

図3−1　三種類の人の集まり方

共通の達成目標をもつことは、集団の特徴であると同時に組織の特徴でもある。組織が掲げる達成目標には、その実現を通して組織は社会に受け入れられようとしているため、基本的には組織が果たすべき社会的責任を表している。したがって危機に至っても組織の社会的責任を果たすことが危機管理の第一の目標となる理由である。

集団のもう一つの特徴は、集合と違ってメンバー全員にコミュニケーションが行き渡るコミュニケーションチャネルが存在することである。したがって集団をまとめるリーダーの立場からは、情報連絡網の整備が重要な集団運営の鍵になる。またメンバーの中に情報が伝わらない人がいるかどうかをみることで、集団がうまくいっているかどうかを知る重要な手がかりとなる。

集団を構成する最小規模は三名であり、上限は三〇から四〇名程度である。小学校の学級や日本の職場は集団の典型である。日本の職場は上手に組織と集団の性質を組み合わせている。通常の業務では、職員のローテーションという形で集団のよさを活用している。職場の人間関係がいつもうまくいくとは限らない。時にはどうしても折り合いが悪いこともある。こうした関係が生涯続くとなれば、組織の活力が失われる危険性が高い。しかし人事ローテーションのために、最悪の組合せでも一年か二年で交代することがわかっていれば、何とか耐えていける。これはだれがメンバーであるのかによって集団の性格が変化する特性を利用している。職場である以上、継続性が基本であるものの、組合せを変えることでリセットし、職場の活性化をはかることができる。これは日本の組織運営の優れた点である。

集団の性格はメンバーが変更になるとともに変化するのに対して、組織の性格はメンバーが代わっても安定していることが組織の特徴である。言い換えれば、組織という観点からは、どのように優れた個人であろうと、その人は取換え可能な歯車にすぎないことを意味する。組織にとって個人は交換可能な歯車であるということを個人の側からみると、組織で活動する個人にとって、担当する職務には必ず前任者と後任者が存在することになる。職務遂行は個人の能力と努力によることは当然だが、それに加えてそれまでの前任者が築いてきた組織に対する社会的信用が仕事を後押ししている。組織に対する社会的信用は築くにかたく、失いやすいものである。そのため、できれば前任者たちが培ってきた信用を増やす、最低でも減らさずに後任者に引き続くという道義的責任を組織に属する個人は負うことになる。ここに社会の信頼に応えることが危機管理の二番目の目標となる理由がある。

以上から、組織の危機管理においては与えられた社会的責務を果たし、社会から負託されている社会的信頼に応える、という二つが活動目標であるといえる。

6　危機管理において守るべきこと

図3-2に示すように組織の活動は二つの流れとして表現できる。第一の流れは業務の流れである。原材料を集め、それに付加価値をつけて、プロダクトやサービスとして社会に提供する流れである。業務の流れを滞らせないことで、その組織は社会的責務を果たすことができる。したがって、危機管理の第一の目標である社会的責務を果たすという観点からは、業務の流れを安定化することが重要である。

原材料に付加価値をつけるためには、「人・もの・金・情報」という各種資源の投入が必要となる。しかし、エネルギーの変換効率は一〇〇%ではないので、当然廃棄物も生まれる。このように資源や資産の確保から処理までが、組織が考えるべき第二の流れである。資産の流れに関してはアカウンタビリティ（説明責任）やコンプライアンス（規定遵守）が問題になる。そこではいかに付加価値をつける過程を正しく行うかが問われる。そこに乱れが生じると組織に対する社会的信用が失われることになる。

先のように組織活動をモデル化すると、組織の社会的責務を果たし、社会的信頼に応えるという危機管理の目標を達成するためには、生命の安全、資産の保全、業務の継続の三点に着目することが重要となる。それを実現するためには、図3-2に示すような五つのポイントが存在している。第一は原材料の確保、第二は付加価値を付与する場の確保、第三は製品やサービスを提供する場の確保、第四は投入すべき各種資源や資産の確保、そして第五に適切な廃棄物処理の確立である。この五つの側面の状態を絶えず監視し、不具合が起こらないようにきちっとコントロールすることが危機管理の活動であるといえる。

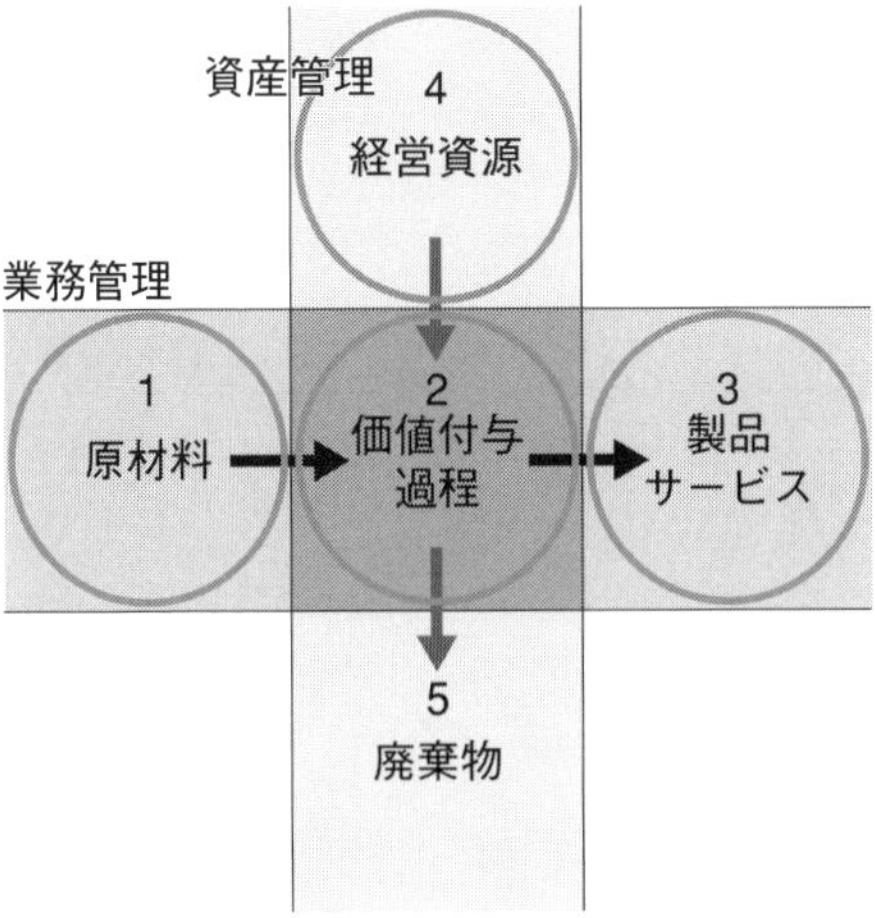

図3-2　組織活動にみる5種類の危機

業務継続の大切さに加えて、生命の安全と資産の保全も考慮しなければならない。投入すべき資源として存在する従業員とその家族の安全と、製品やサービスの利用者の安全はかけがえがないため、生命の安全は独立した検討事項となる。付加価値を付与するためには、人的な資源に加えて、さまざまな資器材・機械や場所を必要とする。いわば、それ自体が資産の固まりであり、その保全も重要となる。

第4講 リスク同定・評価の手法

1　リスクとは何か

リスクという言葉は耳慣れた言葉である。しかし、いざ定義をしようとすると難しい言葉である。語源はイタリア語で、「勇気をもって試みる」ことを意味するという。昔ベネチアの商人たちが遠く航海する危険を冒しても貿易で大儲けする事態をさす言葉である。現在は、システムリスク、工学リスク、金融リスク、健康リスク、環境リスクなど、リスクという言葉はさまざまな文脈で使われている。どの文脈のリスクにも共通する点がある。それは、リスクが未来をさす言葉であること、将来出合うかもしれない危険をさす言葉である点である。この点を除くと、それぞれの文脈で、リスクという言葉の意味は微妙に異なっており、以下の三種類に大別できる。[1]

① 脅威の原因としてのリスク（intuitive risk）
② 脅威の可能性としてのリスク（probable risk）

③　脅威の大きさとしてのリスク（scientific risk）

脅威の原因としてのリスク（intuitive risk）では、地震、台風などのように、人間が本能的に脅威と感じる対象をさしてリスクとよんでいる。人間にとっての脅威という意味ではハザード（hazard）と同じ意味で使われている。ハザードの種類は自然現象に由来するもの、人間の過失に由来するもの、人間の悪意に由来するものに大別できるが、その種類は無数に存在している。そうしたリスクに備えることが危機管理である。しかし、無数にあるすべてのリスクに対して万全の備えをすることは事実上不可能である。そのため、自分たちの組織が備えるべき重大なハザードを選定することが重要になる。

脅威の可能性としてのリスク（probable risk）では、ハザードによる危険がどの程度起こりやすいのかを考慮して、リスクは発生する確率として表現される。たとえば、死亡原因として、飛行機事故よりも交通事故のほうがリスクは大きいというように、起こりやすいことはリスクが大きく、めったに起こらない場合にはリスクは小さくなる。経済学の分野では、予想される結果の不確定性をリスクと定義するため、リスクが高い場合に予想外のよい結果が生まれる可能性があるということが、他の分野のリスク概念とは異なっている。しかし、確率だけでリスクを考えている点ではこのグループに属する。

脅威の大きさとしてのリスク（scientific risk）では、ハザードの起こりやすさと同時に、それが発生した場合の悪影響の大きさを考慮してリスクを評価している。たとえば、ＪＩＳではリスクを「ある事象生起の確からしさと、それによる負の結果の組合せ」（JIS Z 8115：2000）と定義している。この定義を用いることで、さまざまな種類のリスクを同じ評価軸の上で評価することが可能になる。たとえば、めったに起こらないが起こった場合に甚大な影響を与える首都直下地震や東海・東南海・南海地震などの巨大災害によるリスクと他の被害規模はもっと小さいが頻繁に発生するリスクとどのような関係にあるのかを分析することも可能になる。本講では、リスクをある事象が生起する確率(Probability : P)とそれによる負の影響の大きさ(Consequence : C)の積と定義する。[2]

危機管理とはリスクに立ち向かい、個人・組織の安全・安心を守り、組織がその機能を継続して果たすために必要不可欠な系統的技術である。個人や組織を取り巻くリスクを同定・評価することは、戦略的にリスクに立ち向かうための必要不可欠な技術として確立されるべきものである。組織を取り巻くさまざまなリスクを同定し、それらを同じ「ものさし」で比較検討し、戦略的にみて優先的に組織が取り組むべきリスクを選び出すための「標準的な手法」について本講では述べる。

2 リスク同定・評価手法の基本的な考え方

危機管理のための有効なプログラムの第一歩は、ステークホルダーの参画[3]によるリスク同定・評価の実施である。そこには、①関係者が参画する場を設ける、②意見・考えを可視化し共有する、③合意形成を行う、という四つのステップが含まれる。参画型で行うメリットは、組織のビジョンに基づく優先順位、組織を取り巻くさまざまな内的外的環境、組織のもつ地域性などを総合的に加味した合理的な解が導出できることにある。つまり、㋐組織を取り巻くリスクを認識する、㋑組織を取り巻くリスクの中から戦略的に取り組む課題を選択する。このための手続きとして、「組織の構成員が、拾

表4−1　リスク同定・評価ステップ1

〈組織を取り巻くリスクを枚挙する〉 たとえば、 　増税政策　法律法令改正　規制緩和・強化　遷都　政治的混乱　テロ活動・暴動　企業脅迫　誹謗中傷　イメージダウン　マスコミ誤報　金利急変　為替変動　石油危機　対日圧力増加　カントリーリスク　取引先倒産　不良債権　資金調達困難　財務投資失敗　マーケティング失敗　ブランド力低下　資源配分失敗　組織計画失敗　敵対的買収　自社技術　陳腐化　競合企業参入　重要顧客喪失　破壊価格　産業構造変化　自殺・失踪　誘拐・テロ　内部告発　人権問題・差別　人材流出　納期遅延　品質低下　顧客満足度低下　在庫管理不備　後継者不足　内部抗争　知的財産権侵害　談合・不正取引・税法違反　プライバシー侵害　詐欺　株主代表訴訟　操業中断　ライフライン停止　放射能汚染　製造物責任事故　労災・交通事故　輸送事故　データベース破壊　地震・噴火　地滑り・山崩れ　台風・洪水　落雷・雹災害　異常高温・低温　異常渇水 　みんなでブレインストーミングをして、考えつくリスクの原因をできるかぎり列挙する。

い出し得るすべてのリスクをその事象が生起する確率（P）とそれによる負の影響の大きさ（C）の積で判断できる仕組み」が本講で示すリスク同定・評価手法の基本的な考え方である。

3　リスク同定・評価手法の具体的手続き

ステップ1　組織を取り巻くリスクを枚挙する

リスクの同定の第一歩は、組織を取り巻くリスクを枚挙することである。すなわち、すべてのリスクをリスト化することである。この作業を一人でするのは大変であり、抜け・漏れ・落ちが出る危険性もある。そこでお勧めするのがブレインストーミング法である。

ブレインストーミング法とは、参加者が自由に意見を出し合い、あるテーマに関する多様な意見を抽出する発想支援法である。質より量を重視し、互いの意見に批判をせず、自由に考えを述べることで、テーマに関する周辺知識を列挙することができる。進行役のファシリテーターのもとに、組織に想定されるリスクについて、参加者がブレインストーミングを行い、自由に意見を出し合う（表4−1）。しかし、何もないところからアイディアを想起するのは困難であるため、他の組織が想定しているリスクを知り、自らの組織との比較の中からリスクについての話し合いを行うきっかけにするとともに、他組織の「危機のリスト」にはないが自らの組織にとって重大なリスクを追加する。このリストは、行政・公共団体・コンサルティング会社等から収集した資料から、それらの組織が認識しているリスクをリスト化し参考資料として利用している。ブレインストーミング終了後、参加者が枚挙したリスクが妥当なものであるかどうかについては、結果について専門家から助言を受ける機会を設ける。

ステップ2　枚挙されたリスクをパターン化し整理する

ブレインストーミングの結果、リスト化されたすべてのリスクに備えることは事実上無理である。つまりリスクに対して「マンツーマン」ディフェンスは有効とはいえない。そこで採用するべきはリスクに対する「ゾーン」ディフェンス方式である。つまり、リスクをいくつかのタイプに分類し、それぞれのタイプごとに備えるべきリスクを選択する方式である。ここでは、ブレインストーミング後に枚挙されたリスクを次の二軸で整理する。第一軸は「内的リスク—外的リスク」、第二軸は「日常的なリスク—非日常的なリスク」である。第一軸は「組織側の要因で引き起こされるリスクなのか、環境側の要因で引き起こされるリスクなのか」に着目して分類する。第二軸については「日常的に発生するリスクなのか、突発的に発生するリスクなのか」に着目して分類する（図4–1）。枚挙したリスクをこれら二軸からなる四象限に分類する過程で、組織を取り巻くリスクに対する新たな気づきや、参加者による組織のリスクに対する認識の違いなどについて話し合う機会が創出される。

参画型の作業の段階では、枚挙したリスクをうまく四象限に分類することができず、判断に迷う、または意見が分かれるリスクも必ず出現する。それらについては、とくにリスクコミュニケーションの機会ととらえ、活発に意見交換し、リスクに対する認識について共有する。リスク分類に正解はなく、参画するステークホルダーの合意によってすべてを決定する。

①枚挙されたリスクを２軸でパターン化し整理する

内的なリスク vs 外的なリスク
　＝ f（組織側の要因、環境側の要因）

日常的なリスク vs 非日常的なリスク
　＝ f（毎日の業務に潜む要因、突発的に発生する要因）

②リスクを四象限に分類する

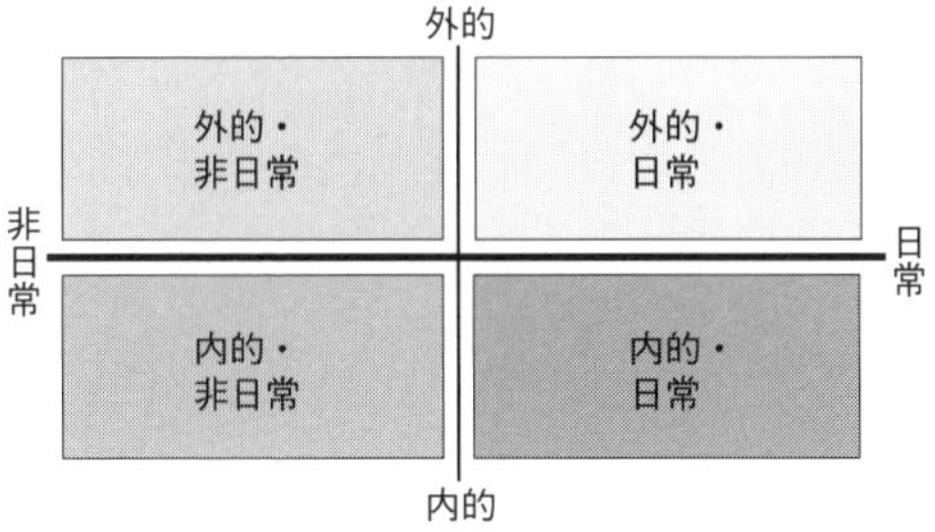

図 4–1　リスク同定・評価ステップ 2

ステップ3　識別されたリスクの影響度とその起こりやすさを評価する

ステップ2において、リスクは①外的要因で引き起こされる日常的に発生するリスク（外的・日常的リスク）、②内的要因で引き起こされる日常的に発生するリスク（内的・日常的リスク）、③内的要因で引き起こされる非日常的に発生するリスク（内的・非日常的リスク）、④外的要因で引き起こされる非日常的に発生するリスク（外的・非日常的リスク）の四象限に分類される。ステップ3では各象限ごとに各リスクの発生確率と影響度を想定する。発生確率・影響度ともに図4-2に示すように「大・中・小」の三段階で分類する。

次に組織として対応するべき順番を考える。最初に対応するべきリスクは「影響度が高く発生確率も高いゾーン」、次に対応するべきリスクは「影響度が高く発生確率は低いゾーン」、三番目に対応するべきリスクは「発生確率が高く影響度が低いゾーン」、最後に「どちらも低いゾーン」となる。組織の存続を第一義的な目的として比較すると、影響度の大小を発生確率の大小より優先して考えることが現実的には合理的な解であると判断できるからである。この考え方に基づいて対応すべき順番を一〜九点で点数化したものが図4-2である。

本ステップで行う「定性的なリスク分析」は、識別されたリスクが起こったときに組織に与える影響とその起こりやすさを評価するプロセスである。さらにそのリスクが組織の戦略目標に対する潜在的な影響の大きさによって「リスクの順位をつける」もの[4]である。本ステップで示したリスク分析をすることで、積極的に取り組むべきリスクの重大度を識別することが容易になる。繰返しになるがここでも正解はなく合意が基本である。

ステップ4　各象限において組織が優先して取り組むべきリスクの代表的なものを選択する

ステップ3の結果を受けて、組織が優先して取り組むべき代表的なリスクを最大で一〇個程度参加

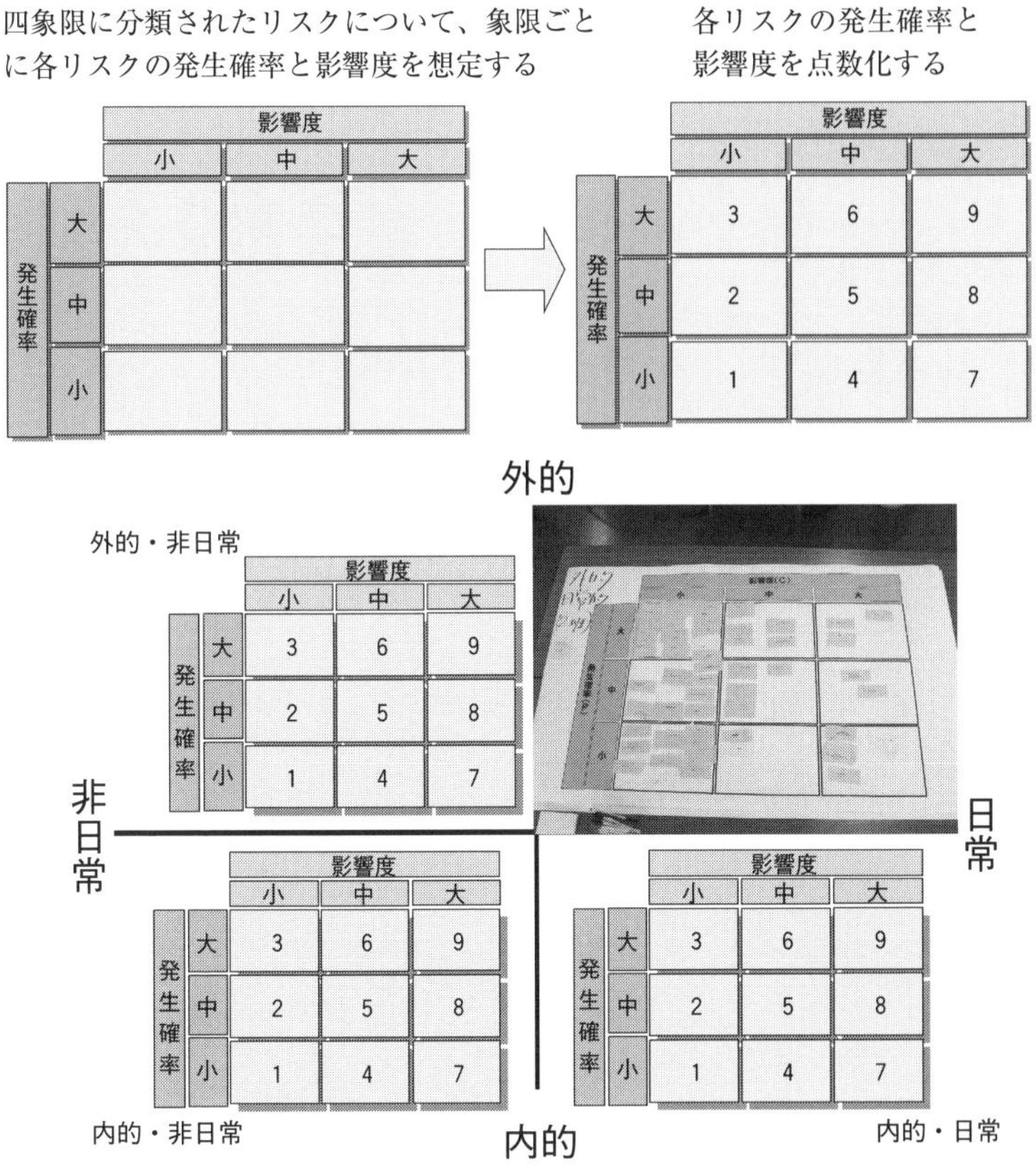

図 4-2　リスク同定・評価ステップ 3

表4−2　4組織・グループによるリスク分析の結果①

	A市	B大学	B大学学生	C大学
リストから採用したリスク	129	175	163	180
リストから採用しなかったリスク＊1	63	17	29	12
新たに枚挙したリスク＊2	152	40	47	140
リスクの合計	281	215	210	320

＊1：A市については過去に大きな災害の経験があり、危機に対して明確なイメージをもっており、採択に厳しい結果が出た

＊2：A市、C大学については、組織全体から参画者を募った。B大学については「学生の安全・安心のための計画」ということで学生課職員のみ

者で決定する。決定の方法は、四象限において点数が上位にランクされたものの中から、さらに組織として取り組むべき重大なリスクを参加者の投票で各象限二つずつ選ぶ。選択されたリスクについては、危機の発生を回避するための戦略計画を策定する。このような手続きをとる理由は、組織を取り巻く危機すべてについて計画を策定することは困難であるという現実的な理由と、各象限について代表的なリスクについて計画を策定することで、同じ象限内のリスクについても策定した計画を援用することで対応が可能になると考えられるからである。

4　リスク同定・評価手続きの運用事例

ここではこれまで紹介したリスク同定・評価手続きの運用事例と結果について、比較した研究例を示す。前記のリスク同定・評価の手続きに基づいて、A市職員、B大学職員、B大学学生、C大学職員が、それぞれの組織・グループを取り巻くリスクを同定し、「外的・日常的リスク」「外的・非日常的リスク」「内的・非日常的リスク」「内的・日常的リスク」の四象限に整理した。さらにそれぞれの象限のリスクについて「発生確率×

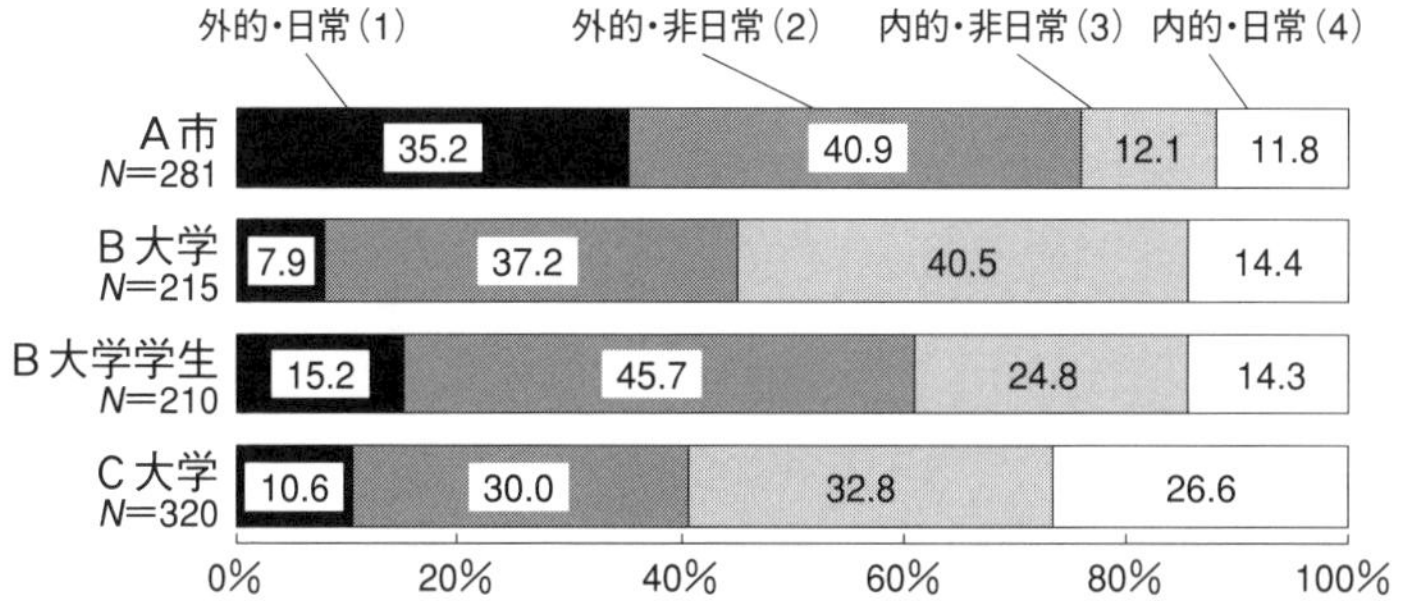

A市については、環境の変化により組織の継続的な経営が脅かされる現実を経験
B大学については、学生の安全・安心→突発的に発生するリスクに着目
C大学については、組織内外のあらゆるリスクに着目
B大学学生については、リスクが日常の中に潜むとの認識が低かった

図4-3　4組織・グループによるリスク分析の結果②

表4-3　4組織・グループによるリスクの順位づけにおける検定の結果

A市	B大学	B大学学生	C大学
A市	.095＊	.006	−.158＊＊
B大学		.560＊＊	.369＊＊
B大学学生			.308＊＊

N = 494、＊：p <.05、＊＊：p <.01

影響度」から評価した。[5] 実際の手続きは以下の手順で行われた。

①　参加者を五～最大一〇人程度のグループに分ける（参加者が少ない場合は一グループでもよい）。

②　参加者全体に対して手続きの説明を行う。

③　ステップ1～3まで実施。

④　複数グループの場合、点数の高いものに着目して結果を統合。

⑤　各象限の中から戦略として優先的に実施するものを投票により決定。

四組織・グループにおけるリスク同定・評価の結果をまとめると以下のようになった。

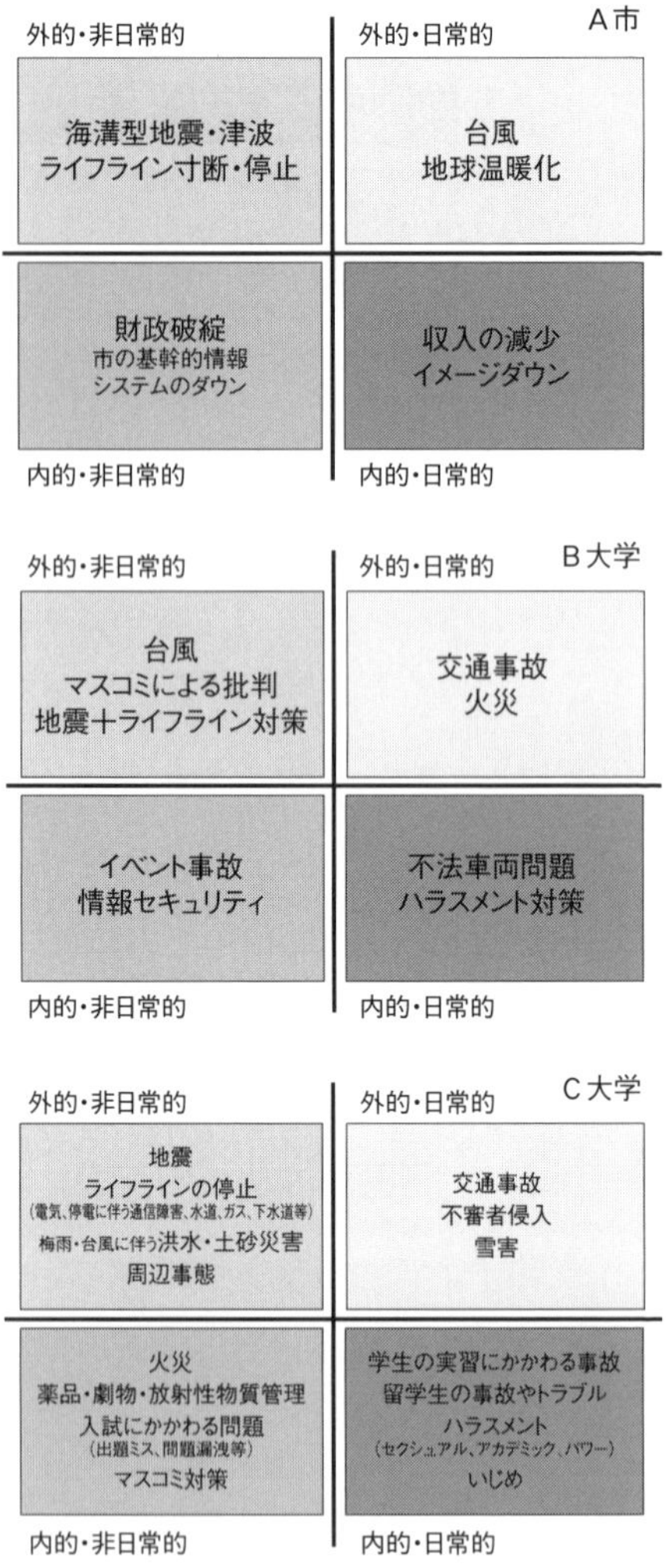

図4―4　A市、B大学、C大学が危機管理シナリオとして想定したリスク

㋐ 比較的短い時間（四時間弱）で、二〇〇を超えるリスクについて、リスク同定・評価が達成された（表4―2）。

㋑ 組織特性によって、各象限に配置するリスクの特徴は異なった傾向がみられたが、一方同じ大学組織の職員ということで、B大学、C大学ともに「外的・日常的リスク」を想定することの難しさが明らかとなり、大学組織としてはとくにこの分野へのリスクの認識を高める必要があることが明らかとなった（図4―3）。

㋒ 同一組織内の構成員であるB大学職員、大学生で、リスクの重要度の評価結果に強い相関がみられた（表4−3）。

A市、B大学、C大学では、リスク同定・評価のプロセスを経ながら、組織が潜在的顕在的に抱えるリスクについて活発な話し合いが行われた。最終的に四象限「外的・日常的リスク」「外的・非日常的リスク」「内的・非日常的リスク」「内的・日常的リスク」それぞれにおいて、組織が危機管理シナリオに想定するべきリスクについて、合意形成がはかられた（図4−4）。①組織が違っても「地震」のようにどの組織でも「外的・非日常的リスク」として重要であると判断されたものの存在が示される一方で、②それぞれの組織の特徴を反映したユニークなリスクが作成された。B大学、C大学ではこの結果を反映した危機管理計画が策定された。また、A市では本手続きを経て生まれた結果をもとに、A市の安全都市構想がまとめられた。

なおC大学は新潟大学であり、リスク評価の結果を受け危機管理計画を策定しホームページで紹介している。新潟大学危機管理計画は、二〇〇七年七月に発生した新潟県中越沖地震をはじめ、これまで経験してきた災害等への対応実績を再評価の上、教訓として生かし、大学組織としての対応体制を危機の大きさにより系統的に定めたものとなっている（http://www.niigata-u.ac.jp/gakugai/im/riskmanagement.html）。

5　今後の展望

リスクの評価には組織の価値観が影響を与えることが知られている。[6] 何をリスクと考えるかは、客観的なリスク評価で決まるわけではなく、人々がどのような生活を送りたいと考えているのか、組織がどのような活動を行いたいと思っているのか、そしてそのために人々や組織がどのようなリスクを避けたいと思っているのかという価値観と切り離して考えることはできない[7]。そのため、ステークホルダーの合意によって当該組織を取り巻くリスクの同定と評価を行うことが大切になる。

今後はさまざまな組織において、この手法が実践され、事例を蓄積することで、①危機のリストが充実し、②組織の価値観がどのように危機の同定・評価に影響を与えるのかを明確化する、ことを継続して行うことが重要である。

第5講 リスクの定量評価

1 リスク評価の必要性

これまでに、リスクの洗い出しを行い、それぞれのリスクにおいて「内的・外的」「日常的・非日常的」の二軸で重み付けを行って組織が対応すべき重大リスクの優先順位を決定してきた。戦略計画を立てる上では、それらのリスクの影響を評価する必要がある。評価とは、「敵を知る」ということであり、リスクがどのように現れるかを「見える化」することである。

リスクは不確実性を多く含む要素により構成されている。たとえば、決められた日に危機として現れることは珍しく、たいていの場合は、遅い場合であれ早い場合であれ、ある幅をもった時間軸の中でリスクが危機へと移行する。リスクが危機へと移行した際の影響度も同様であり、「幸運な場合」には影響度が小さく、「不運な場合」には影響度が大きく現れることもある。このように、戦略計画を立てる上で対象とするべきリスクを同定したとしても、各々のリスクの影響は不確実性を多く含んでおり、何をどのように対処すればよいのかを明確に決定することは難しい。

本講では戦略計画の策定に向けたリスクの定量的な評価手法を説明する。リスクの評価にあたっては、「①不確定性の数量化」を行い、「②シミュレーションの実施」を行うことで起こりうる事象の推測・把握を行う。

2　定量的評価とは何か

評価手法を扱うデータによって「定量的評価」と「定性的評価」に大別することができる。「定量的」とは、量に着目し、現象を数値で明確化していることを意味する。すなわち、数値に意味や重みをもたせ、数値で現象を表現する。数値で表現することにより、曖昧性をなくし、評価の対象となる事象を明確化する。その一方で「定性的」とは、性質に着目し、カテゴリー化を行い、事象を表現する。定性的な評価では曖昧性を含むものの、詳細な数値を設定しないために評価に至るプロセスが定量的評価に比べて容易である。

この定義に基づけば「リスクの定量的評価」とは、リスクを数値で表現することでリスクの本質を的確に把握することである。しかしながら、リスクを数値で表現することは難しい。これはリスクが不確定性要素をもっており明確に表現できないこと、リスクの何に着目して数値化し評価すればよいかが明確でないことに起因する。本講を通して、この課題の解決策を紹介し、リスクの定量的評価手法を提示する。

3 不確定性の数量化

リスクを構成する要素は一般的に多くの不確定性を含む。このリスクの不確定性の状況を数量化し、明示的にリスクの事象を把握する。ここではまず、「不確定性の数量化」に特化して説明をする。

以下に示す事象は不確定性を含んだ例である。

あるプロジェクトの中でシステム開発チームは重要なシステムの開発を依頼された。プロジェクトリーダーに対し、システム開発チームは、過去の開発経験からシステムの納期について以下のように述べた。

「二か月以内にシステムが完成する見込みはない。システムが完成する可能性がもっとも高いのは、五か月後である。半年後であれば、可能性は五割を超え、遅くとも一年後にはほぼ確実にシステムは完成する」。

このシステムの完成を待つ者としては、いったいいつごろをシステム開発の完了日としてプロジェクト全体を進めればよいのか決断しにくい。それは、事象の不確実性に起因している。ここで、事象の不確実性の内容を整理してみよう。

① 二か月後までにシステムが完成する確率はほぼゼロである

② システムの完成日が五か月後になる確率がもっとも高い。

③ 半年後であれば、システムが完成する確率は五〇％以上である。

④ 一年後であれば、システムが完成する確率はほぼ一〇〇％である。

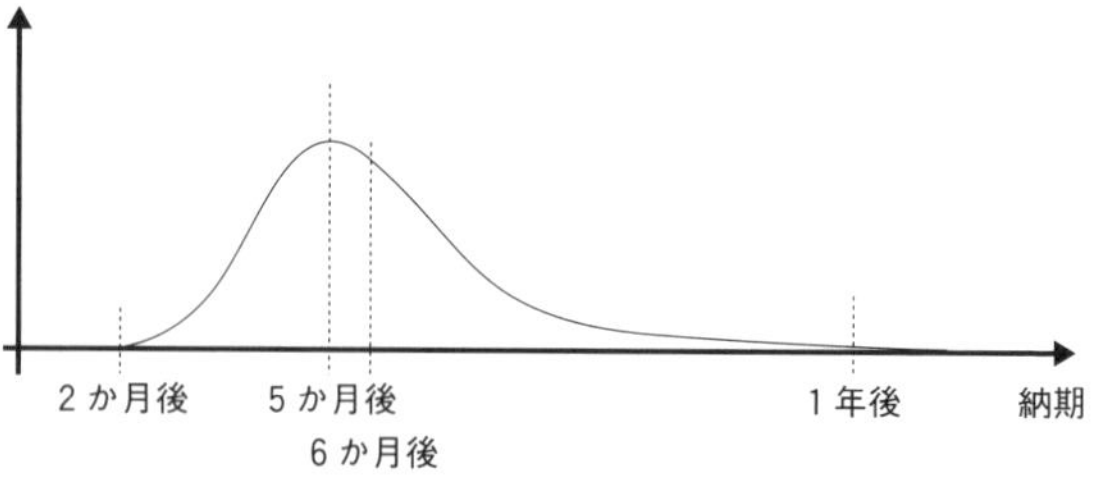

図5−1　システム開発を例とした納期の不確実性

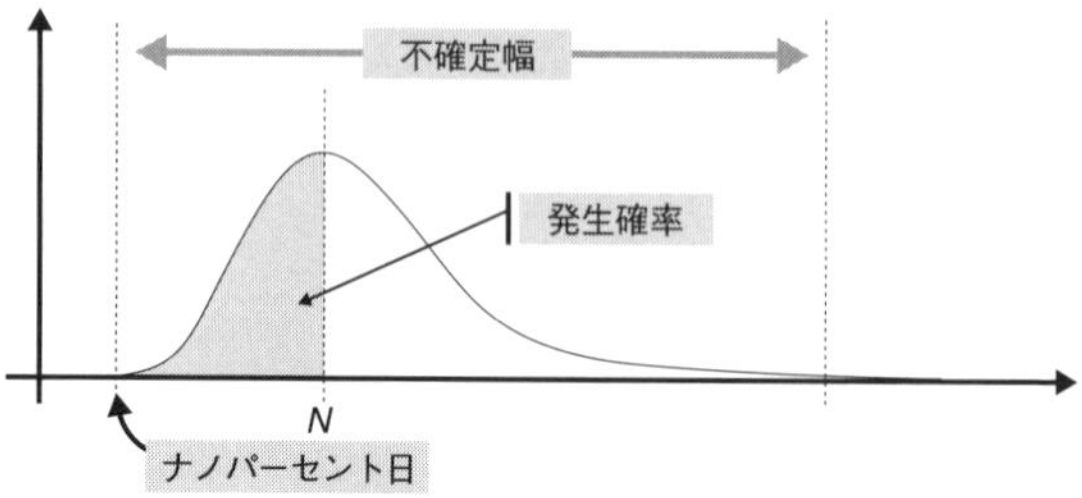

図5−2　確率密度分布図

これは、システム開発者の過去の経験則から述べられたことである。すなわち、過去の「システムの開発」という事象を確率論的に表現している。この事象を視覚的に図化すると図5−1のようになる。縦軸に起りやすさ（発生確率密度）、横軸に可能性のある納期を設定している。システム開発者は、図5−1のような確率密度分布図を頭に描きながら、システムの納期を説明していたはずである。

図5−1の確率密度分布図を一般化すると図5−2のようになる。図5−2では、横軸に時間軸を設定した場合、曲線が立ち上がる点をナノパーセント日[1]とよぶ。ナノパーセントとは、限りなくゼロに近いことを意味する。また、確率密度がゼロを超えてからゼロに収束するまでの幅を「不確定幅」とよぶ。この不確定幅の中で必ず検討している事象は発生すると考えられる。分布曲線と横軸の値（N）までで囲まれた部分の面積が、当該の値の発生確率となる。先ほどの例で「半年後には五割の可能性で開発が完了する」というのは、横軸上の「半年後」までの

曲線を積分（面積を計算）すると〇・五になる。不確定幅のすべての曲線下の面積を計算すると一になり、すべての事象が発生することを意味する。これらの要素から確率密度分布図は構成されている。

この確率密度分布は、過去における事象の発生パターンを示している。多数の過去のケースを集約し、ヒストグラム（度数分布）として表現する。各値の発生頻度を、総発生数で割ると各値の発生確率が算出できる。この仕組みをすべての値に対して計算し、分布図として図化したものが確率密度分布である。確率密度分布を用いることで、不確定性を含み一意に値を決定できない事象を、数量化し評価することが可能となる。すなわち、不確定性を含む事象を、確率密度分布を用いて明確に表現することが不確定性の数量化手法として位置づけられる。

この不確定性の数量化手法はリスクに対しても同様に適用可能である。これまでの手続きを整理しながら、リスクに対する不確定性の数量化の手順を確認する。

①　リスクを同定する：何のリスクについて定量的評価分析を進めていくのかを決定する。
②　評価軸を決定する：各リスクをどの視点から評価するかを決定する。
③　評価値の発生確率密度分布を描く：評価値のもつ不確定性を数量化する。

ここまでは納期という評価軸をあらかじめ設定し説明を進めてきた。これまでの例を説明する上では時間が必要十分な評価軸であったために、問題としてこなかった。一方で、現実に組織が対応すべき重大リスクを評価の対象とするとき、リスクのとらえ方は評価者によって多様であり、「リスクの不確定性を数量化する」する場合に何の不確定性を数量化すればよいのかが問題となる。ここでは、リスクのとらえ方としてQCDの指標を援用する。QCDとは経営分野や製造業で用いられる生産管理の指標である。QCDはそれぞれ、「Q：quality（品質）」、「C：cost（費用）」、「D：delivery time（納期）」を意味する。

リスクを評価する場合、QCDに従った数量化を行うとすれば、QCDのそれぞれを「Q：事象や社会の変化の大きさ」、「C：経済的損失」、「D：リスクの移行期やリスクによるプロジェクトの遅延度合い」と読み替えることができる。

本講ではリスクを「R（リスク）＝P（発生確率）×C（影響度）」で定義している。この影響度を社会的変化の大きさでとらえるのか、経済的損失でとらえるのか、あるいはプロジェクトの遅れとしてとらえるのか、いずれにしてもこれらがC（影響度）になる。R（リスク）を把握するには、それぞれの影響度に対する発生確率を考慮し、掛け合わせなければならない。

たとえば、地震災害が頻発化する近年、二〇〇一年に内閣府の中央防災会議から南海・東南海地震の発生確率が発表された。(2) 一〇年単位で地震の発生確率が発表されているが、これをリスク図として表現すると図5–3になる。図5–3は棒グラフで表現されているが、包絡線を描くと先述のリスク図としてみることができる。

現在の地震予測技術では、地震の発生日を正確にこの日だとは断定できない。しかし、プレート海溝型のような周期性をもつ地震は、過去の地震発生の記録から不確実性をもちながらも、ある不確定幅をもつ期間の中で発生しうると考えられている。D（リスクの移行期）である発生時期を対象として、それぞれの発生確率を求めることがリスクのもつ不確定性の数量化となる。国の省庁や地方自治体、その他の危機対応機関はこうした地震発生確率をもとに各機関の危機対応戦略を策定している。

不確定性が数量化されれば、そのリスクがどのようになるのかを把握していくこととなる。ここで、リスクを「全体リスク」と「部分リスク」に分けて考えることが大切になる。全体リスクとは、プロジェクトが全体として直面するリスクをさし、部分リスクは全体リスクを構成する個々のリスクをさす。すなわち、複数の部分リスクが組み合わさることで全体リスクが構成される。

たとえば「家族の生活」を考えてみる。全体リスクを「家族が生活を営むことができなくなる」とすれば、部分リスクとして「世帯主の失業」「世帯主の死」「火災」「窃盗」「詐欺」などが考えられる。この部分リスクのそれぞれは不確定性をもつ。これまでに示した方法から不確定性の数量化を行ったとしても、全体リスクとして「家族の生活」にどのように影響を及ぼすかは、いまだ明確に把握しきれない。直感的に「世帯主の死」は、発生確率は低いものの、ひとたび発生すると生活環境に大きな変化をもたらす。一方で、「窃盗」は、発生確率は比較的高いが、発生しても生活環境に大きな変化をもたらさないかもしれない。それぞれの部分リスクの振る舞い方は各々異なる。

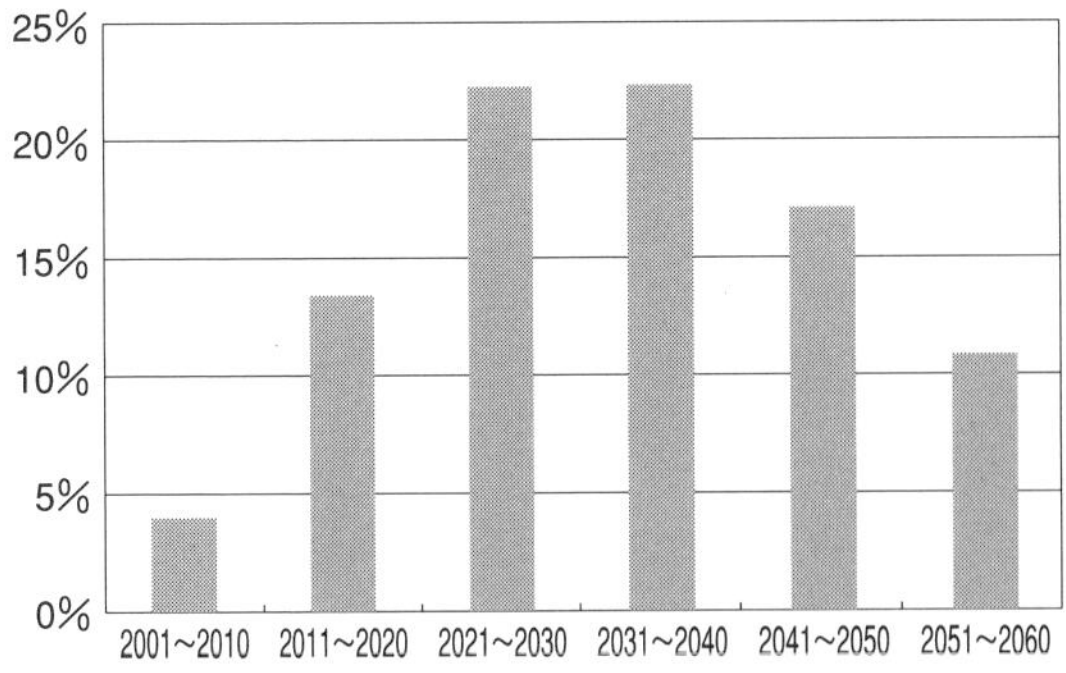

図5－3　東南海地震の発生確率密度分布図

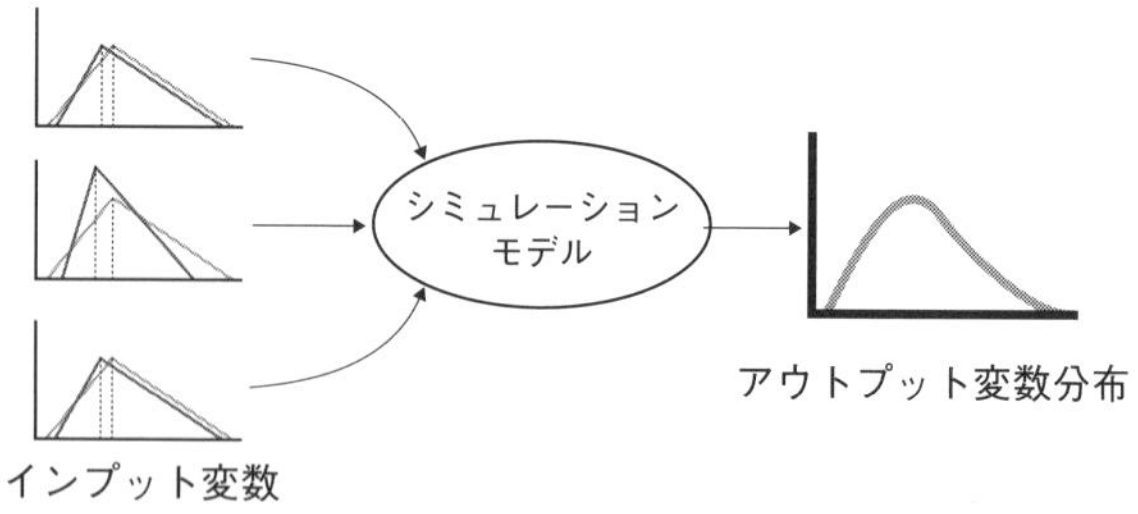

図5-4　モンテカルロ・シミュレーション

このような状況下では、リスク全体として我々にどのように影響するのかを明確に把握することは困難である。その解決策として、シミュレーションの実施による事象の把握がある。

4　シミュレーションによる事象の把握

これまでに、リスク図を用いることでリスクのもつ不確定性の数量化を行ってきた。次に、数量化された個々の不確定性からリスク全体の動向を把握する手法を説明する。リスクの動向の把握は、シミュレーションを実施することでさまざまな場合を再現し、その動向が示す傾向を分析することで実現される。

シミュレーションとは「物理的あるいは抽象的なシステムをモデルで表現し、そのモデルを使って実験を行うこと」[3]とある。すなわち、事象をとらえる上で、モデルを作成し、実験を通してどのような事象が発生しうるかを確かめることである。シミュレーションとは総称であり、扱うデータや再現する事象によってシミュレーション技法はさまざまである。その中で本講では、モンテカルロ・シミュレーションというシミュレーション技法を用いてリスクの定量的評価を行う（図5-4）。

モンテカルロ法とは、ジョン・フォン・ノイマンが提案した乱数を用いて問題を解決する手法である。このモンテカルロ法に基づき、事象を擬似的に再現する手法をモンテカルロ・シミュレーションという。ここで乱数とは、ある設定された幅の中で全体として出現する頻度が等しくかつ無秩序に並んだ数、あるいはその数によって構成される数列を意味する。一つの代表例は「サイコロを振って出る目」である。サイコロは一〜六という幅の中で、それぞれの目が均一に出現する。このサイコロを振って出る目を並べれば、一つの乱数となる。

モンテカルロ・シミュレーションでは、ある確率密度分布に従い乱数を用いて入力値を幾度も発生させ、その入力値を用いてモデルを適用することで、事象の再現を行う。このシミュレーションを幾度も繰り返して実施し、その結果として得られる測定値の平均から真の値を推定する。

モンテカルロ・シミュレーションを適用する場合には、入力値としての数量化された不確定性と、その入力値を用いて事象を表すためのモデルが必要となる。本講では、三角分布を用いることで不確定性の数量化を行う。

三角分布

確率分布には、不連続な値の分布を扱う離散分布と連続的な値の分布を扱う連続分布がある。[4] 離散分布には二項分布やポアソン分布、連続分布には正規分布や一様分布、t 分布などが該当する。

中でも図5–5に示す正規分布は非常に有名である。正規分布は、平均値が発生しうる値の中央値（不確定幅の中央）になり、左右が対称の分布である。しかしながら正規分布のような平均的な分布図に従うケースばかりではなく、何かしら偏りのある分布になることも多い。そのため事象を確率分

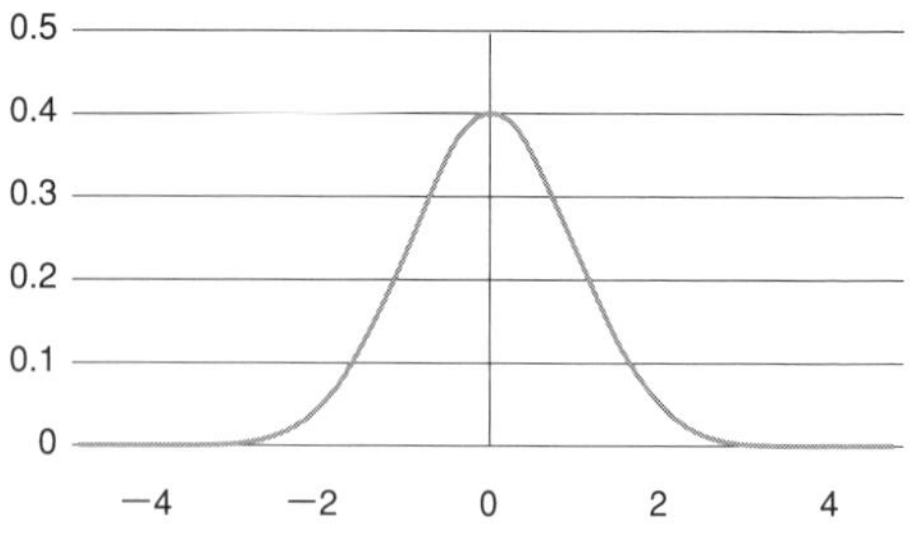

図5−5　正規分布

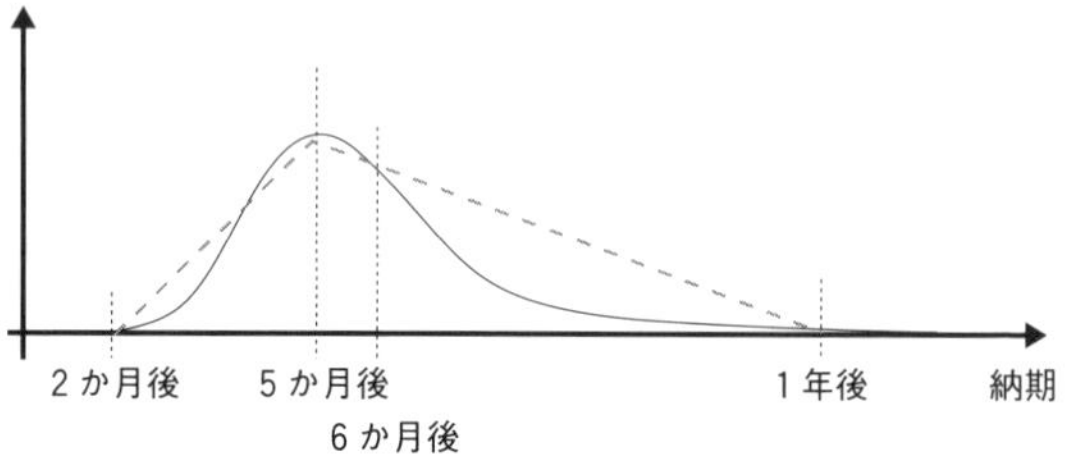

図5−6　三角分布を用いたリスク図

布でとらえる場合、その事象の特徴を近似的に表現した分布を適切に選択することが重要となる。分布曲線はいずれも確率分布を精巧に再現する上では非常に有効的な分布曲線であるが、計算式が複雑であることや、曲線の導出のために非常に多数のケースを要することから、容易に分布関数を導き出すことは難しい。

そこで曲線分布を簡略化した三角分布を用いることで、簡易的に確率密度分布を導出し、事象の把握を行う。三角分布とは、不確定幅の最小値と最大値、発生確率の高い値（ヒストグラムでは度数がもっとも多い値：最尤値《さいゆうち》）を三頂点に設定することで描くことのできる分布図である。図5-6に「システム開発・納品の例」をもとに作成した三角分布のリスク図を示す。図5-6では、先の例である納期の最小値として「二か月後」、最大値として「一年後」、最尤値として「五か月後」を設定し、その三頂点を直線で結んでいる（点線）。

図5–6が示すように、三角分布では本来の確率密度分布からの誤差が存在する。しかしながら、扱いやすさから、暫定的に三角分布を用いてリスク評価を進めることを推励したい。過去の事例が十分に収集され、それらが十分に分析されれば、適合する分布関数を用いればよい。本講では、定量的リスク評価の第一歩として、三角分布を用いて評価を進めることとする。

モデル

先述の通り、シミュレーションを実施するためには、事象を表現するためのモデルが必要である。モデルとは、事象を組み立てる種々の要素間の関係性を設定したものである。単なる四則計算で表現可能な簡易なモデルから、場合分けや微分・積分をいくつも用いた詳細で複雑なモデルまで、その容貌は多種多様である。しかし、事象を擬似的に表現することを目的としていることはどのモデルにも共通している。

リスクの種別に応じて、信用のリスク評価の数理モデルや化学物質の沿岸生態へのリスク評価モデルなどのように、そのモデル化は多岐にわたる。これらのモデルは、各々のリスクの専門家が研究を重ねて導き出したモデルである。シミュレーションを実施するためには、モデルの精度が鍵を握るが、モデルは数多くの観察や実験・検証の成果として構築される。そのため、精度を保持して事象を近似的にモデル化するには多大な労力を要する。

しかしながら、モデルを複雑にせず、シミュレーションを行うことも可能である。ここでは、簡単なモデルを提示して説明を進める。

たとえば、ある企業が直面するリスクが全体に移行したときに被る被害を対象とする。企業にとってのリスクにはさまざまな案件があるが、不祥事によるイメージダウンに起因した売上げの低下、下請業者の倒産や人材の流出による生産能力の低下が部分リスクとして仮定され、企業の全体リスクを収益で評価することとする。

そこで、この例の簡易なモデルを考えれば、「収益＝収入－支出」であり、「収入＝単価×販売量」から、「収益＝(単価×販売量)－支出」をモデルとできる。非常に簡素なモデルであるが、明確に収益を算出でき、これまでの収益との比較からリスクが危機に移行することにより企業が受ける被害の度合いが算定できる。必ずしも複雑なモデルが必要ではない。たとえ簡素なモデルであっても、事象を構成する要素(パラメーター)の関係性を明確に表現していれば意味のあるシミュレーションを行うことができる。

シミュレーションの実施

先述の例では、不祥事がいつ発覚するのか、どれだけの影響度をもつのか、どの下請業者がいつ倒産するのか、どれだけの人材がいつ流出するのかなど、どれも確定した値を設定することは難しく、各々の部分リスクの不確実性が絡み合うことで全体リスクが企業にのしかかる。

企業の不祥事を例にしてみよう。不祥事が発覚したとき他企業でも同様の不祥事が発覚した場合や、社会の注目が他の問題に向けられているときであれば影響度(収入の低下)は小さいかもしれないが、社会が平穏な時期であれば影響度は格段に大きくなると予想される。しかしながら、どの程度の影響度がもっとも起こりやすいかは、ある程度は把握可能である。これらの予測が、モデルにおけるインプットデータ（パラメーター値）となる。

そこで、予測をもとに得たインプットデータを各パラメーターの入力値として先のモデルに挿入して、シミュレーションを行う。インプットデータの確率分布として、最小値・最大値・最尤値を設定して三角分布に従い乱数を用いて設定する。その値をモデルの各パラメーターに挿入することで、ある部分リスクが、ある状態にある場合の、全体リスクの影響度を算出できる。

不確定性を多く含んだ事象を対象としてシミュレーションを実施する場合、より真の結果に近いシミュレーション結果を得るためには、十分な回数のシミュレーションの実施が必要となる。不確定性を数量化した確率密度分布に従い乱数を発生させ、その値をパラメーター値としてモデルに従って被害度合い（影響度）を算出するという流れをいくたびも繰り返し、実施しなければいけない。

ＩＴ技術の進展が著しい現代では、このようなシミュレーションをコンピュータ上で設定された回数だけ繰り返し実施するソフトウェアも開発されている。本講の参考文献の筆者が開発したフリーソフト[5]も公開されているので、ぜひ一度、読者自身で試していただきたい。

最終的に、シミュレーションを十分な回数だけ繰り返し、リスクが危機に移行した際に被る影響度を把握した上で、戦略計画の策定へと移る。シミュレーションへの入力値が不確定である以上、結果として得られる影響度も不確定性を含むので、確率密度分布図として提示される。

この結果に対してパラメーター値である入力データの分布をさまざまに変化させることで、結果の影響度における最小値や最大値、最尤値の変動をとらえることができる。その変動状況から、危機管理者が「このリスクの状態ならば対応可能」だとか「どの入力値をどのように操作できれば、どれだけ影響度を低減できるか」などを検討することとなる。それにより、何を重点的に管理・対応するべきかが明確化され、組織全体にとってのリスクに対する効果的なリスクマネジメントが実現される。

考えうるすべてのリスクに対処できれば、それに越したことはないが、時間的制約・資源的制約・財政的制約などさまざまな制約条件下ではそれは実現できない。対処するべきリスクに対し優先順位をつけ、重点課題とその目標設定を通して、効果的な戦略計画を策定し、組織全体にとってのリスク管理を進めるためにはシミュレーションは有効な手段である。

第6講 危機管理のための戦略計画

1 戦略計画とは何か

ニューパブリックマネジメント（新公共経営）[1]の考え方が現在、新たな行政のあり方として注目を集めている。これは、行政の業務を「市民に対するサービスの提供」ととらえ、市民が求めるサービスを効率的に提供するという観点から行政を「経営（management）」しようとする動きである。行政改革の一環として国の各省庁の業務計画や自治体の将来ビジョンはこの「戦略計画」の枠組みに基づいて策定されるようになっている。「戦略計画」とは企業における経営戦略策定の仕組みとして利用されている計画の枠組みであるが、そもそも、戦略とは軍事用語であり、戦術の上位概念として位置づけられる概念であった。戦術とは個別の部隊の運用の術であるのに対し、戦略とはマクロな視点での軍事資源の効率的な運用について考え方を示すものである。すなわち人・もの・金・情報の割り振りについての決定が戦略決定であり、具体的な戦い方が戦術ということである。

一九六〇年代中ごろから七〇年代中ごろにかけて「戦略計画」という考え方が企業の経営計画立案手法として盛んに利用されるようになった。さらに行政の分野においても先述のニューパブリックマネジメントの隆盛とともに一九九〇年代以降、企業で利用されていた「戦略計画」の考え方に基づいて、行政の計画が策定されるようになる。

米国では一九九三年に成立したGPRA（Government Performance and Results Act of 1993）により各連邦機関の業務計画を「戦略計画」の枠組みに基づいて策定することが義務づけられている。日本においても二〇〇二年に施行された「行政機関の行う政策の評価に関する法律」に基づき、各省庁においては「戦略計画」の枠組みにより業務計画が策定されるようになっている。

戦略計画の特徴として、①上位概念からブレークダウンした目的手段関係が明確な計画であること（マネジメント・バイ・オブジェクティブ）（図6–1）、②長期的な視野に立った計画であり、計画実行のために五年程度の計画期間をもつアクションプランが別途作成されること（図6–2）、③政策目標レベルでの数値目標をもつことが挙げられる。戦略計画の特徴を理解するためには、これまでの日本の行政において計画策定手法として利用されてきた「総合計画（Comprehensive Planning）」と比較するとわかりやすい。「戦略計画」は目標を達成するための手段は何か、というように目標を達成するための手段として上から対策を決定していく計画手法であるのに対し、「総合計画」では部局ごとに事業を積み上げ、まとまりごとにタイトルをつけていくという方法で計画を策定するという下からの計画手法となっている。「総合計画」型の計画策定手法の問題点としては、組織全体が目標達成をめざし事業を推進していくための計画とはなっていないことである（図6–3）。計画とはある目標

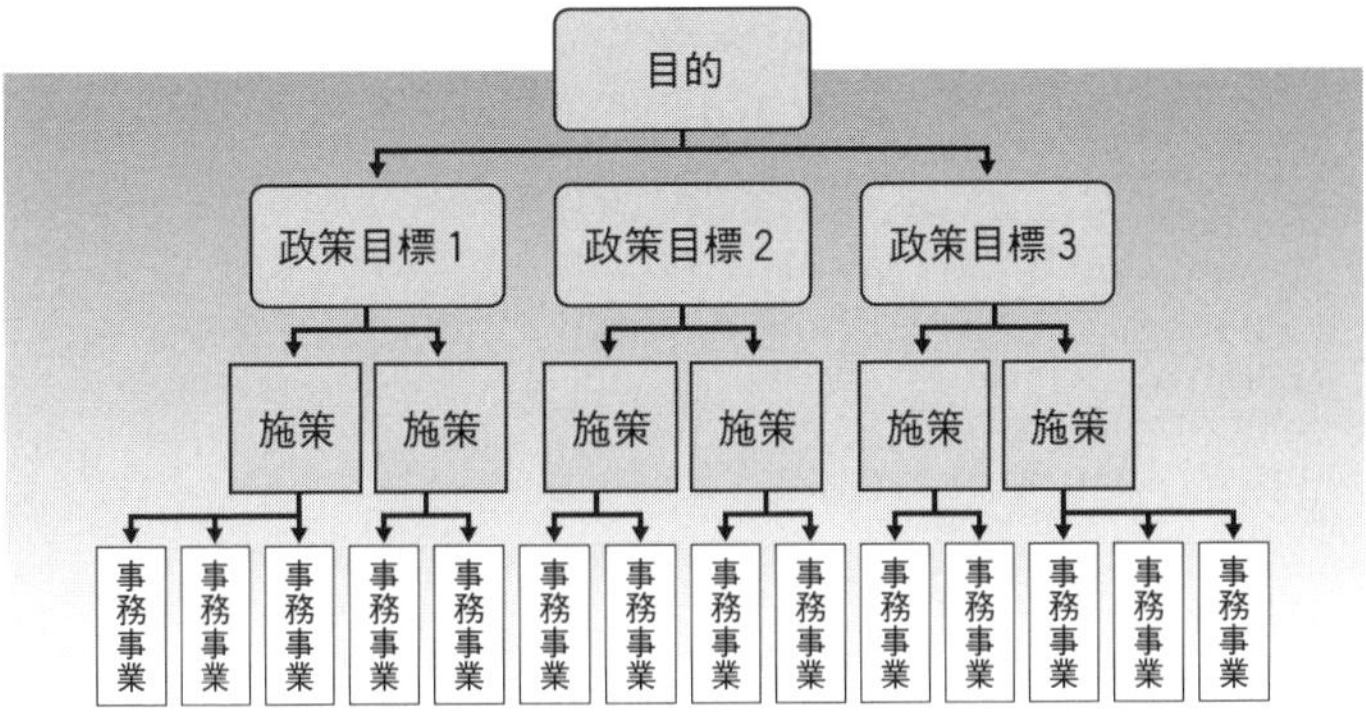

■目的手段関係が明確な計画構造
・詳細施策の意思決定の際のより所となる
・目標達成のために限られた資源を有効に利用

図 6－1　戦略計画の構造

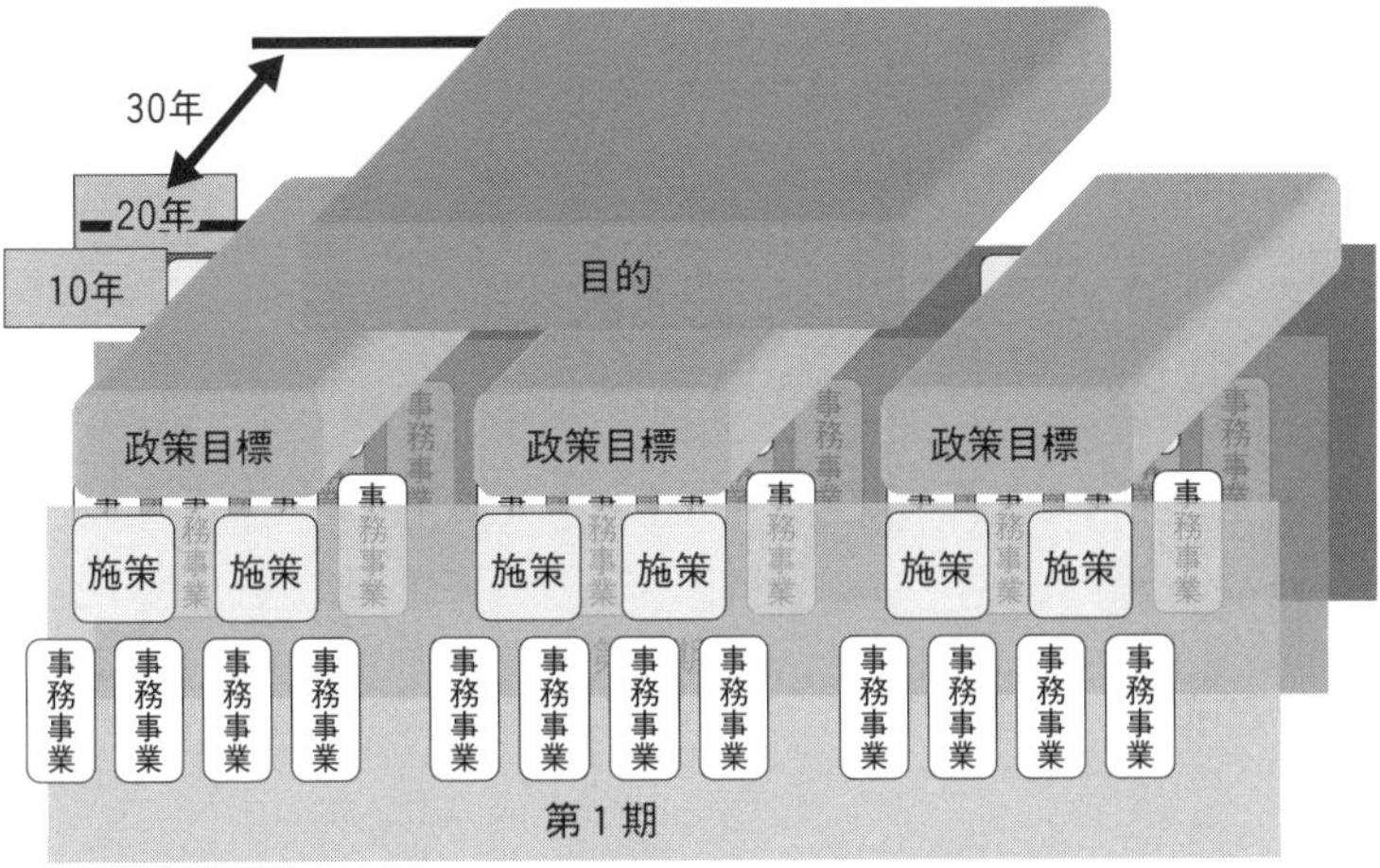

図 6－2　長期的な視野をもった計画

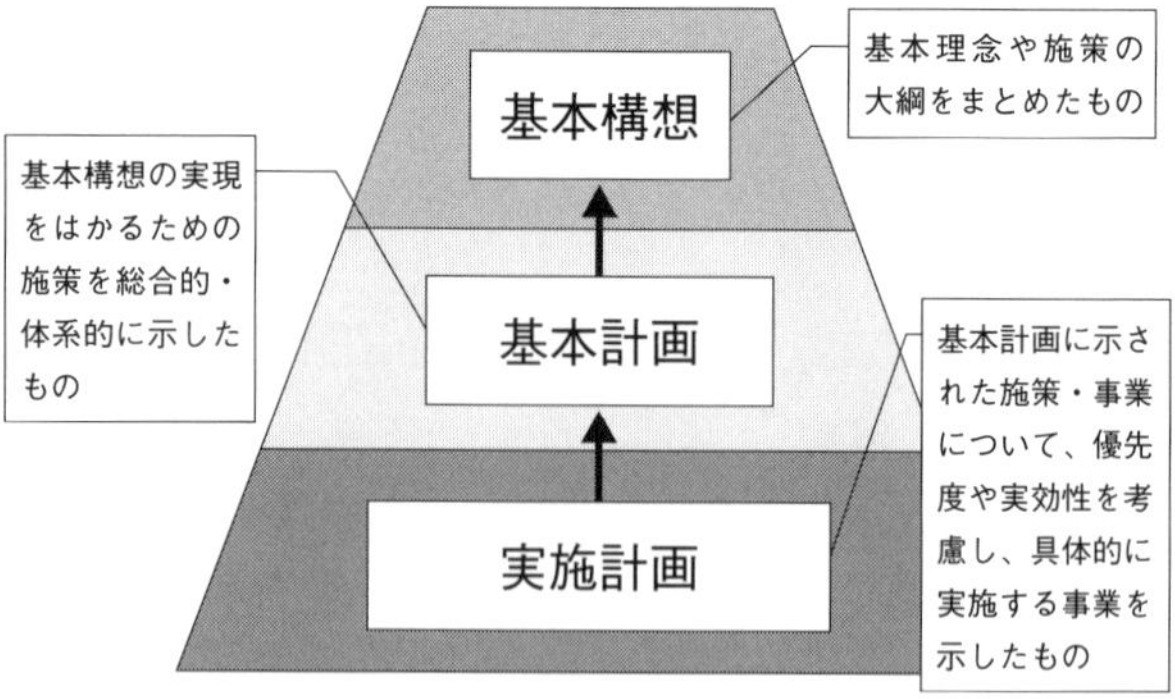
基本構想
基本計画
実施計画
基本理念や施策の大綱をまとめたもの
基本構想の実現をはかるための施策を総合的・体系的に示したもの
基本計画に示された施策・事業について、優先度や実効性を考慮し、具体的に実施する事業を示したもの

■達成目標が共有されておらず、組織横断的に最終的な目標を達成するための施策体系となっていない〈目的手段関係が不明確〉
・資源分配、意思決定の判断基準が不明確
・あらゆる分野を満遍なくカバーするために費用がかかる

図6−3　総合計画の構造

を達成するための施策・対策の体系であるが、総合計画型の計画策定手法では、①どういったサービスを提供するのかという目標の設定がなされていない、②設定した目標を達成する手段として施策が構成されていないという問題があるため、設定した目標を実現するという観点からみると、実効性の低い計画となっている。[2]

　第7講で詳述するが、戦略計画は、①何らかのトリガーイベントに対する対処が求められる（対処することを決定する）→②現状分析（SWOT分析）→③達成目標の決定→④戦略計画の作成というプロセスで策定される。現状分析手法として用いられるSWOT分析とは、計画実行主体の内部要因分析（強さ strength, 弱さ weakness）、外部要因分析（機会 opportunity, 脅威 threat）について分析を行う方法である。以下、危機管理のための戦略計画のいくつかの事例について紹介する。

2　巨大災害を想定した防災戦略

日本の行政機関は自然災害に対する危機管理計画として、「災害対策基本法」（昭和三六年制定）に基づき国では「防災基本計画」ならびに各省庁の「防災業務計画」、地方自治体では「地域防災計画」を策定している。しかしながら日本は今世紀前半に南海トラフを震源とする地震に見舞われることが確実視されており、さらには首都圏の直下で発生するマグニチュード七クラスの地震の発生も懸念される。こういった巨大災害に対して、より効果的な備えを行うため政府は危機管理のための戦略計画として「防災戦略」を策定している。南海トラフを震源とする地震については今後一〇年間（二〇一五年までに）で死者・経済被害額の半減[3]、首都直下地震については今後一〇年間（二〇一六年までに）で死者半減、経済被害額を四割減[4]という達成目標を掲げている。「戦略計画」の枠組みに基づいて策定されたこの計画では、先述の目的を実現するための「政策目標」として①住宅の耐震化（耐震化率七五％→九〇％）、②家具の固定（家具の固定率約三〇％→六〇％）、③密集市街地の整備（不燃化領域率四〇％以上）、④初期消火率の向上（自主防災組織率七二・五％→九六％）といった指標を掲げて（図6-4）いる。また政策実現のための具体的な対策を進めるために、各中央省庁に対して、関係する施策の立案・実施を求めており、国土交通省は二〇〇六年に「建築物の耐震改修の促進に関する法律」の一部改正を実施し、都道府県に耐震化率に関する数値目標をもつ「耐震改修促進計画」の策定を義務づけた。また、地方公共団体についても国の戦略目標に対応する「地域目標」を定めることを求めている。

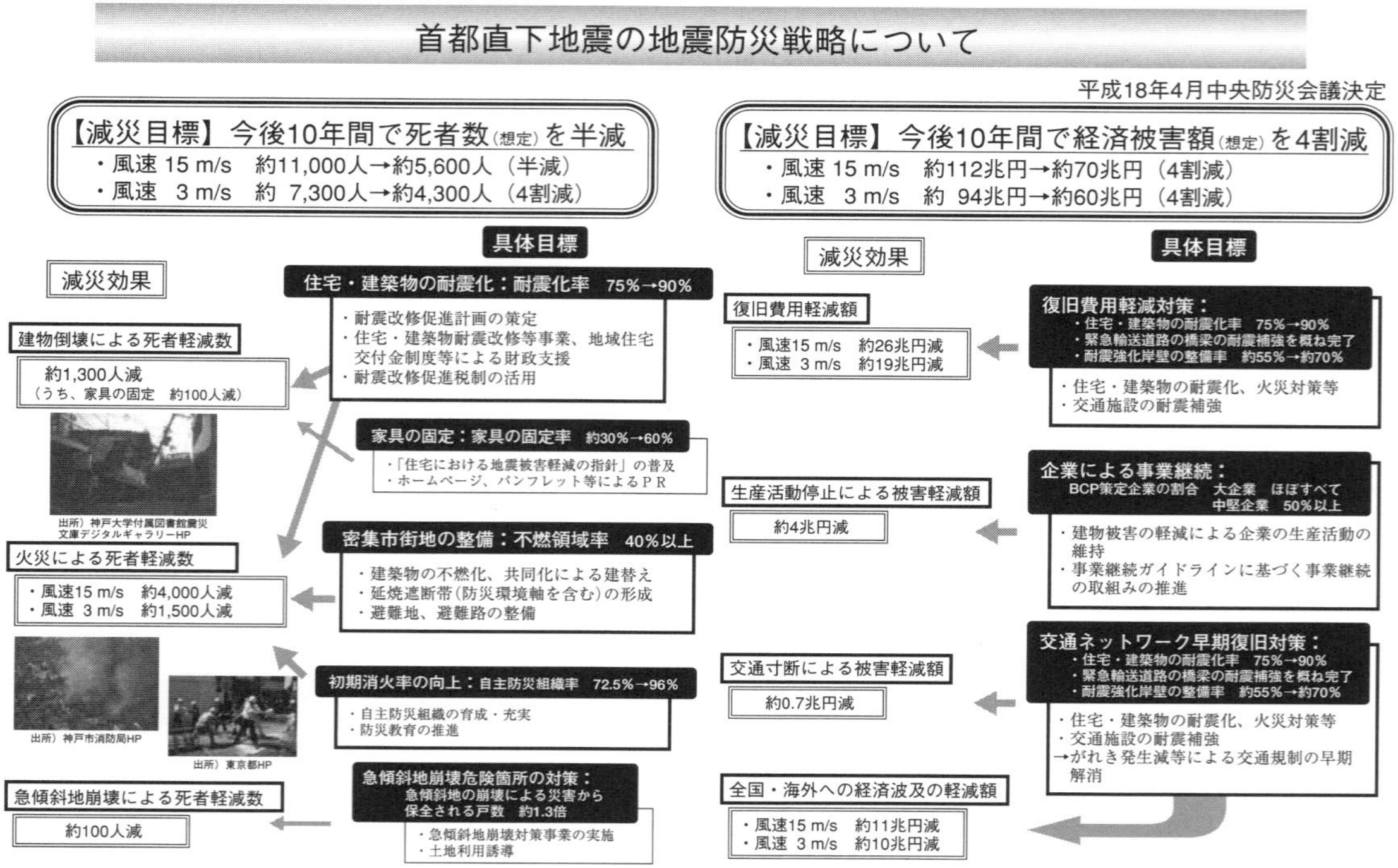

首都直下地震の地震防災戦略について
平成18年4月中央防災会議決定
【減災目標】今後10年間で死者数(想定)を半減
・風速 15 m/s　約11,000人→約5,600人（半減）
・風速　3 m/s　約 7,300人→約4,300人（4割減）
【減災目標】今後10年間で経済被害額(想定)を4割減
・風速 15 m/s　約112兆円→約70兆円（4割減）
・風速　3 m/s　約 94兆円→約60兆円（4割減）
減災効果
具体目標
建物倒壊による死者軽減数
約1,300人減
（うち、家具の固定　約100人減）
出所）神戸大学付属図書館震災文庫デジタルギャラリーHP
火災による死者軽減数
・風速15 m/s　約4,000人減
・風速 3 m/s　約1,500人減
出所）神戸市消防局HP
出所）東京都HP
急傾斜地崩壊による死者軽減数
約100人減
住宅・建築物の耐震化：耐震化率　75%→90%
・耐震改修促進計画の策定
・住宅・建築物耐震改修等事業、地域住宅交付金制度等による財政支援
・耐震改修促進税制の活用
家具の固定：家具の固定率　約30%→60%
・「住宅における地震被害軽減の指針」の普及
・ホームページ、パンフレット等によるPR
密集市街地の整備：不燃領域率　40%以上
・建築物の不燃化、共同化による建替え
・延焼遮断帯(防災環境軸を含む)の形成
・避難地、避難路の整備
初期消火率の向上：自主防災組織率　72.5%→96%
・自主防災組織の育成・充実
・防災教育の推進
急傾斜地崩壊危険箇所の対策：
急傾斜地の崩壊による災害から保全される戸数　約1.3倍
・急傾斜地崩壊対策事業の実施
・土地利用誘導
減災効果
具体目標
復旧費用軽減額
・風速15 m/s　約26兆円減
・風速 3 m/s　約19兆円減
復旧費用軽減対策：
・住宅・建築物の耐震化率　75%→90%
・緊急輸送道路の橋梁の耐震補強を概ね完了
・耐震強化岸壁の整備率　約55%→約70%
・住宅・建築物の耐震化、火災対策等
・交通施設の耐震補強
生産活動停止による被害軽減額
約4兆円減
企業による事業継続：
BCP策定企業の割合　大企業　ほぼすべて
中堅企業　50%以上
・建物被害の軽減による企業の生産活動の維持
・事業継続ガイドラインに基づく事業継続の取組みの推進
交通寸断による被害軽減額
約0.7兆円減
交通ネットワーク早期復旧対策：
・住宅・建築物の耐震化率　75%→90%
・緊急輸送道路の橋梁の耐震補強を概ね完了
・耐震強化岸壁の整備率　約55%→約70%
・住宅・建築物の耐震化、火災対策等
・交通施設の耐震補強
→がれき発生減等による交通規制の早期解消
全国・海外への経済波及の軽減額
・風速15 m/s　約11兆円減
・風速 3 m/s　約10兆円減

図6−4　国の地震防災戦略（首都直下地震）

地方自治体では先述のように危機管理のための計画として「地域防災計画」を定めているがこの計画は防災に関するあらゆる対策について網羅的に書かれた計画であり、より戦略的に防災対策を進めるための計画として「防災アクションプラン」（もしくはプログラム）を策定する事例が、国の「防災戦略」の取組み以前から存在していた。とくに南海トラフで発生する地震により大きな被害を受けることが予想される地域では、総合的な防災対策を計画的に実行するため、戦略計画の枠組みに基づいて「防災アクションプラン」の策定が行われていた。

地方公共団体の「防災アクションプラン」策定においては、最初にその地域で想定される地震被害を知り、効果的な対策を立案するために現状分析としての被害想定が行われる（図6-5）。その被害想定に基づいた地震による被害（死者、建物被害等々）をどれだけ減少させるのか、さらには応急対応、復旧・復興をどれだけ円滑に行うのかについて達成目標を実現するための実行計画が「防災アクションプラン」である。

総合的な防災対策を実効的・計画的に推進するための計画としての防災アクションプログラムを最初に策定したのは静岡県である。阪神・淡路大震災の教訓をもとに一九九五年に「静岡県地震対策三〇〇日アクションプログラム」が策定された。その後二〇〇二年の「東海地震に係る地震防災対策強化地域」見直しに伴い、東海地方の各県（静岡、岐阜、愛知、三重、山梨）で防災アクションプログラムが策定されている。さらに、二〇〇三年「東南海・南海地震防災対策推進地域」の指定が行われ、推進地域として指定された西日本の都道府県（和歌山、滋賀、奈良、徳島、奈良）において防災アクションプログラムが策定されている。また、宮城県沖地震の発生が懸念される宮城県においても二〇

（1）奈良盆地東縁断層帯

○断層の長さ
35km
○マグニチュード
7.5
○死者
5,153 人
○負傷者
19,045 人
○住家全壊
119,535 棟
○住家半壊
83,442 棟
○建物火災（冬の夕方 6 時）
1,199 件
○避難者（1 週間後）
435,074 人
○断水世帯（直後）
433,526 世帯
○停電世帯（直後）
486,436 世帯
○都市ガス供給支障世帯（直後）
256,903 世帯

震度分布図

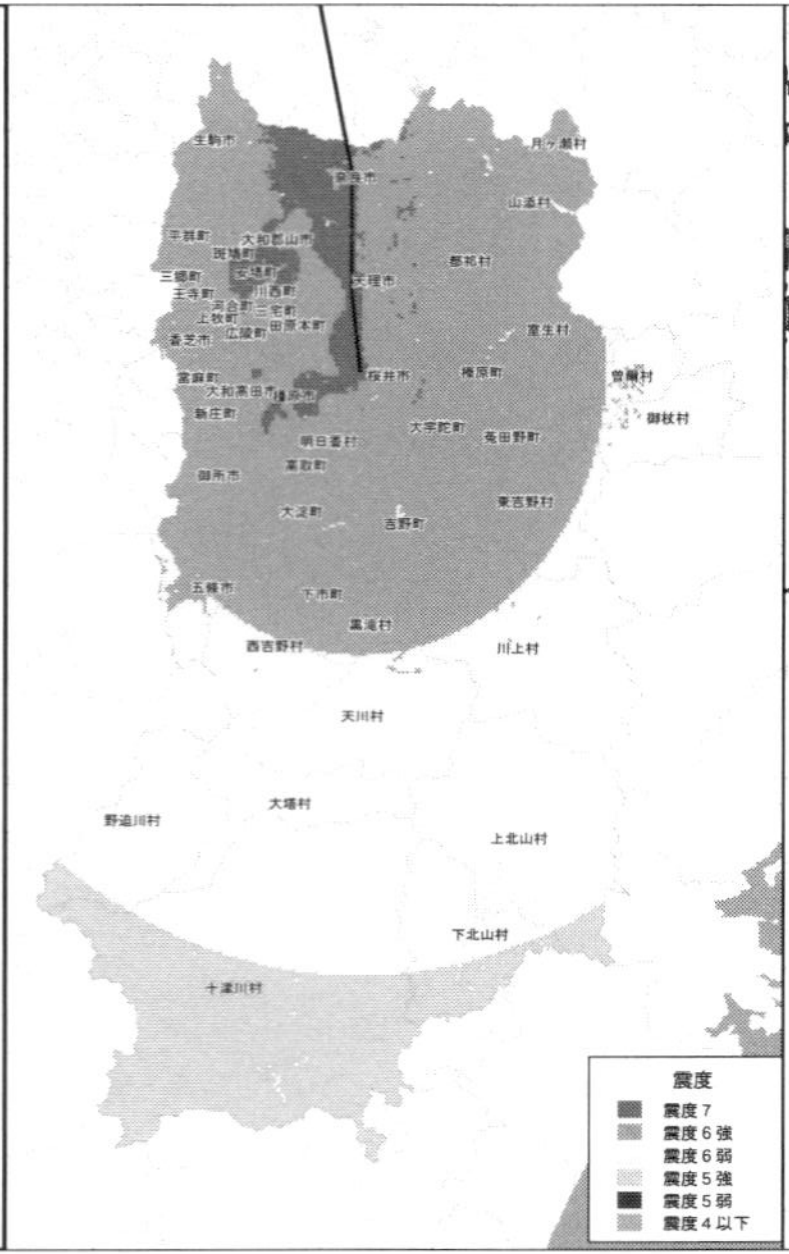

液状化危険度分布図

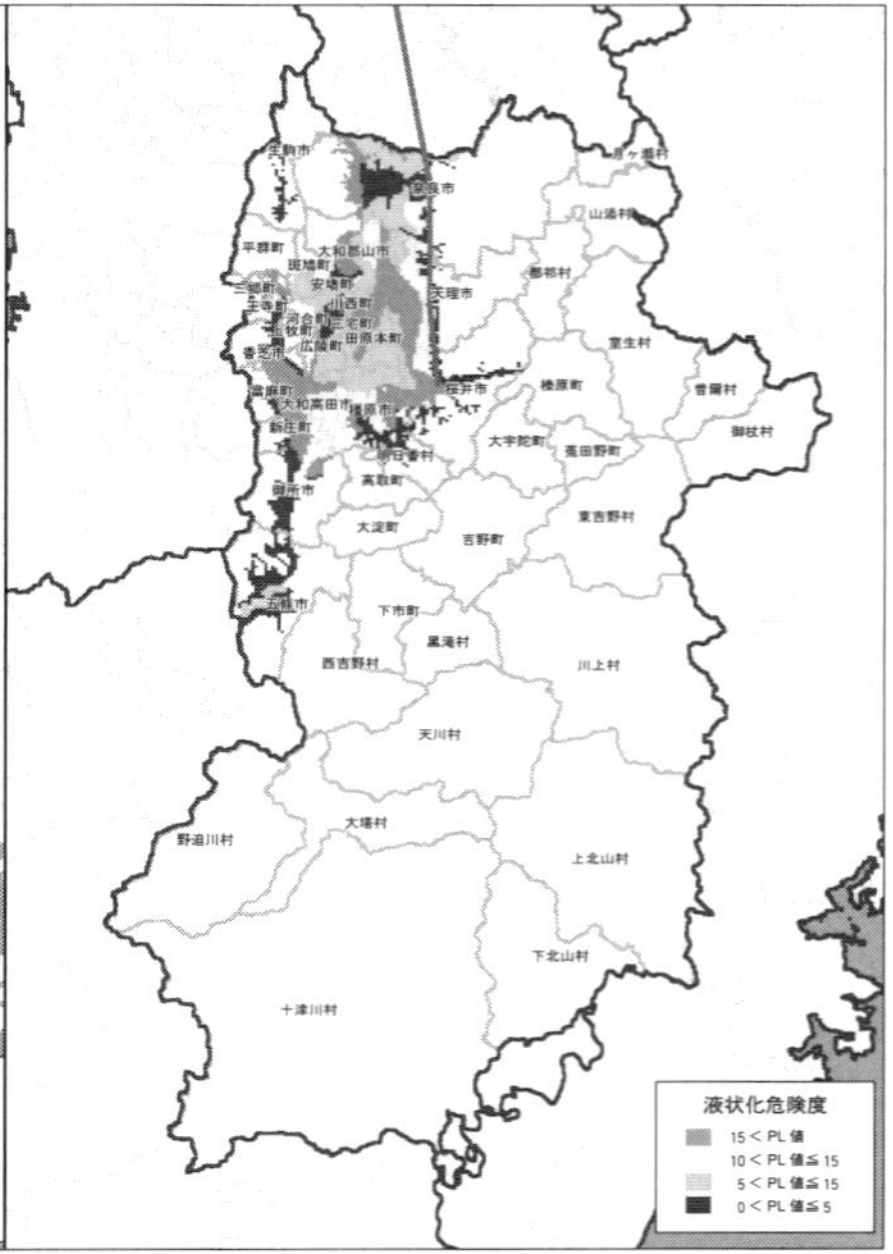

※　ＰＬ値：液状化の危険度を評価する指標で、ＰＬ値が大きいほど液状化の危険度が大

図 6－5　**地震被害想定**（奈良県）

	名称	計画期間	計画の対象	計画の内容			
				Objectives	Policies	Programs	Projects
静岡県	静岡県地震対策 アクションプログラム 2001 （改定済）	平成13－17年、5年	県の行動計画	1.かけがえのない県民の生命を守ります 2.被災後の県民の生活を守ります 3.県民生活の確かな復旧・復興を進めます	9	32	287
岐阜県	岐阜県緊急 アクションプログラム9	平成13－17年、5年	県の行動計画	死者を出さない、 増やさない	9	24	68
愛知県	あいち地震対策 アクションプラン （改定済）	平成14－18年、5年	県の行動計画	1.防災協働社会の形成 2.防災型まちづくりの推進 3.災害対策活動への備え	7	40	237 （平成18）
三重県	三重地震対策 アクションプログラム （改定済）	平成14－18年、5年	県＋ 県民＋ 民間組織	1.地震対策の推進基盤づくり 2.防災力向上のための人づくり・まちづくり 3.災害時に迅速に対応できる体制づくり 4.安定した復旧復興に向けた体制づくり	12	50	355
和歌山県	和歌山県地震防災対策 アクションプログラム	平成16－19年、5年 長期項目は平成20年度以降も継続的に実施	県の行動計画	1.大地震に着実に備える 2.災害発生時に迅速適切な対策を実施する 3.復興を進め安全で安定した生活を構築する	8	33	220
奈良県	奈良県地震防災対策 アクションプログラム	平成18－27年、10年	県＋ 県民＋ 民間組織	1.地震に強い県土をつくる 2.地域の防災力を向上させる 3.的確な防災情報処理を実施する 4.人的資源を確保する 5.県民に対して五つのサービスを行う 5-1 いのちを守る 5-2 安全・安心を守る 5-3 生活基盤を安定させる 5-4 県民の生活を支援する 5-5 古都奈良のイメージを守る 6.復興を視野に入れる	41	94	301
宮城県	みやぎ震災対策 アクションプラン	平成15－19年、5年	県＋ 県民＋ 民間組織	1.地域の防災力向上に向けて 2.地震に強いまちづくりの推進 3.円滑な災害対策活動への備え	7	38	165
山梨県	やまなし防災 アクションプラン	平成15年、計画期間定めず	県の行動計画	1.県民の命を守る 2.県民の生活を守る 3.復旧復興を進める	22	76	314
滋賀県	滋賀県地震防災 プログラム	平成16－25年、10年	県＋ 県民＋ 民間組織	1.耐震化等の必要な基盤整備 2.地震に備え対応する体制づくり 3.防災機能の整備・充実	13	30	なし
東京都	東京都震災対策 事業計画	平成17－19年、3年	都の役割	1.地震に強い都市づくり 2.住民による防災活動の仕組みづくり 3.危機に強い体制づくり 4.首都圏の防災ネットワークづくり 5.震災復興体制づくり	9	32	173
徳島県	徳島県地震防災対策 行動計画（仮称）	平成18－27年、10年	県＋ 県民＋ 民間組織	1.県民防災力の強化 2.住宅・建築物等の耐震化と土砂災害対策 3.津波対策の推進 4.被災者の迅速な救助・救命対策 5.被災者の生活支援対策	26	なし	なし

図6－6　自治体の防災アクションプラン

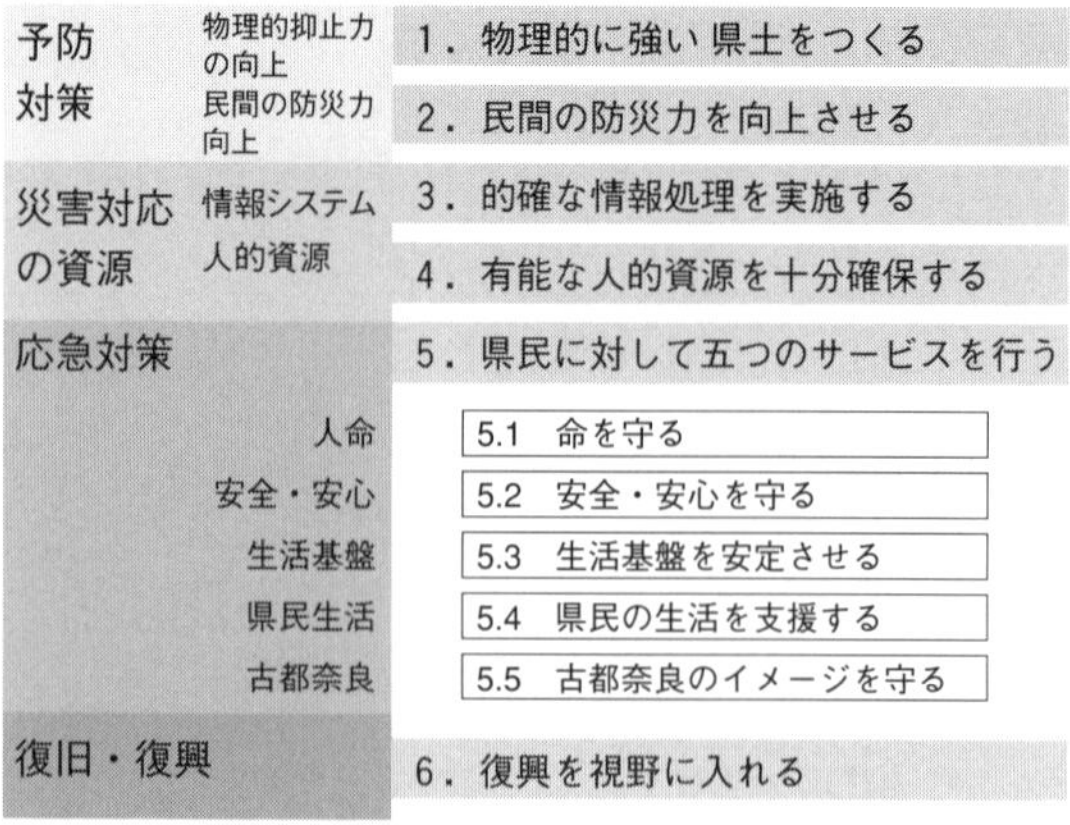

予防対策	物理的抑止力の向上	1．物理的に強い県土をつくる
	民間の防災力向上	2．民間の防災力を向上させる
災害対応の資源	情報システム	3．的確な情報処理を実施する
	人的資源	4．有能な人的資源を十分確保する
応急対策		5．県民に対して五つのサービスを行う
	人命	5.1　命を守る
	安全・安心	5.2　安全・安心を守る
	生活基盤	5.3　生活基盤を安定させる
	県民生活	5.4　県民の生活を支援する
	古都奈良	5.5　古都奈良のイメージを守る
復旧・復興		6．復興を視野に入れる

図 6-7　総合的な体系をもつ AP（奈良県「奈良県地震防災対策アクションプログラム」2006）

○三年に防災アクションプランが策定されている（図6-6）。そして、二〇〇五年に発表された国の防災戦略が「地域目標」の設定を求めるようになったことを受け、さらに多くの自治体で戦略計画の枠組みに基づく防災アクションプログラムが策定されるようになっている。

　地方公共団体で策定されている防災アクションプランは「総合的な防災対策を実効的・計画的に推進するための」計画であり、そのためには計画が、①総合的な内容をもっていること、②着実に実行される仕組みをもっていることが、重要である。防災・危機管理の業務は、福祉、基盤整備、教育など自治体のすべての部局にまたがり、総合的な計画を策定するためには、全部局の参画が不可欠である。また、計画策定に各部局が参画し、自分たちが計画を策定したという「我がこと意識」をもつことが自治体全体で計画を推進していく上では非常に重要である。職員参画型で防災アクションプログラムを策定した例として「奈良県地震防

減災ミティゲーション〈115〉

I かけがえのない県民の生命を守ります〈84〉

1 建物等の耐震化及び施設整備を進めます〈46〉
（1）住宅の耐震化〈2〉
（2）公立建築物等の耐震化〈13〉
（3）公共構造物の耐震化及び施設整備〈12〉
（4）避難地・避難路の確保〈5〉
（5）緊急輸送施設等の整備〈14〉

2 救出・救助体制を強化します〈7〉
（1）初動態勢の強化〈3〉
（2）県広域受援計画に基づく救出・救助体制の充実・強化〈3〉
（3）消防力の充実・強化〈1〉

3 医療救護体制を強化します〈3〉
（1）県内の医療救護体制の強化〈1〉
（2）県広域受援計画に基づく医療救護体制の充実・強化〈2〉

4 地域の防災体制を強化します〈19〉
（1）自主防災組織・消防団の活性化〈2〉
（2）県民等の防災意識の高揚〈8〉
（3）災害時要援護者の避難体制の整備〈4〉
（4）津波及び山・崖崩れ危険予想地域における避難体制の充実・強化〈5〉

5 災害情報伝達の支援体制を確保します〈9〉
（1）災害時等の広報体制の強化〈2〉
（2）災害時の情報収集・伝達体制の強化〈5〉
（3）外国人への情報提供体制の整備〈2〉

II 被災後の県民生活を守ります〈25〉

6 避難生活の支援体制を充実します〈10〉
（1）避難所運営体制の整備〈4〉
（2）被災者の健康支援体制の整備〈3〉
（3）災害ボランティアの受入体制の整備〈1〉
（4）被災建築物の応急危険度判定等の実施体制の整備〈2〉

7 緊急物資等を確保します〈10〉
（1）県民・市町の緊急物資備蓄の促進〈2〉
（2）県広域受援計画に基づく緊急物資等確保体制の充実・強化〈8〉

8 がれき・残骸物などの処理体制を確保します〈5〉
（1）がれき・残骸物などの処理体制の確保〈5〉

III 県民生活の確かな復旧・復興を進めます〈6〉

9 被災者、被災事業者の迅速な再建を目指し着実な復旧・復興を進めます〈6〉
（1）被災者の迅速な再建への支援〈2〉
（2）被災事業者の迅速な再建への支援〈1〉
（3）震災復興都市計画行動計画の策定〈1〉
（4）遺体の処理体制の整備〈2〉

I かけがえのない県民の生命を守ります

1 建物等の耐震化及び施設整備を進めます

（1）住宅の耐震化

No	アクション名	具体目標 分類	項目	H17年度末	数値目標	達成時期	担当部局・室
①	住宅の耐震化の促進	A	住宅(127万戸)の耐震化率	73%	90%	H27年度末	都市住宅部 建築安全推進室
②	家庭内の地震対策の促進	A	家具類を固定（家庭内の一部を含む）している県民の割合	58.5%	66%	H27年度末	総務部防災局 防災情報室

（2）公共建築物等の耐震化

No	アクション名	具体目標 分類	項目	H17年度末	数値目標	達成時期	担当部局・室
1	県有公共建築物の耐震化計画の実施	A	県有公共建築物（3,136棟）の耐震化率	78.7%	100%	H23年度末	総務部防災局 防災情報室
2	市町有公共建築物の耐震性能リストの公表の促進	A	市町有公共建築物の耐震性能リストの公表率（全42市町）	19%	100%	H18年度末	総務部防災局 防災情報室
3	市町有公共建築物の耐震化計画策定の促進	A	耐震性が不足する市町有公共建築物の耐震化計画の策定率（全42市町）	7.1%	100%	H22年度末	総務部防災局 防災情報室
4	市町立小中学校の校舎・体育館等の耐震化の促進	A	市町立小中学校の校舎・体育館等（3,834棟）の耐震化率	80.5%	100%	H23年度末	教育委員会事務局 財務課
5	児童福祉施設（保育所、障害児施設を除く）及び婦人保護施設の耐震化の促進	A	児童福祉施設（保育所、障害児施設を除く）及び婦人保護施設（24棟）の耐震化率	79.2%	100%	H21年度末	健康福祉部 こども家庭室
6	精神障害者社会復帰施設の耐震化の促進	A	精神障害者社会復帰施設（39施設）の耐震化率	87%	100%	H23年度末	健康福祉部 精神保健福祉室
7	老人保健福祉施設の耐震化の促進	A	老人保健福祉施設（146施設）の耐震化率	96%	100%	H27年度末	健康福祉部 長寿健康政策室
8	児童福祉施設（保育所）の耐震化の促進	A	児童福祉施設（保育所）（345棟）の耐震化率	55.4%	100%	H27年度末	健康福祉部 子育て支援室
9	障害者（児）施設の耐震化の促進	A	障害者（児）施設（県が指定する知的障害者援護施設、身体障害者更正援護施設及び障害児施設（指定都市の施設を除く））（96施設）の耐震化率	82.3%	100%	H27年度末	健康福祉部 障害者プラン推進室
10	病院の耐震化の促進	A	災害拠点病院・救護病院（94病院）の耐震化率	60%	100%	H27年度末	健康福祉部 医療室
		A	病院（災害拠点病院、救護病院を除く）（94病院）の耐震化率	71%	100%	H27年度末	
11	精神科病院の耐震化の促進	A	精神科病院における精神病床（7,297床）の耐震化率	76.1%	100%	H27年度末	健康福祉部 精神保健福祉室
12	私立学校の校（園）舎・体育館等の耐震化の促進	A	私立学校の校（園）舎・体育館等（小中高370棟、幼稚園542棟）の耐震化率	小中高71.9%	100%	H22年度末	総務部 私学振興室
				幼稚園68.5%	100%		
13	特定建築物の耐震化の促進	A	耐震改修促進法に基づく特定建築物（9,200棟）（※1）の耐震化率	72.5%	90.0%	H27年度末	都市住宅部 建築安全推進室

※1）特定建築物相当の新基準の建築物を含む

図6-8　数値目標をもつAP（静岡県「地震対策アクションプログラム」2006）

災対策アクションプログラム」が挙げられる。奈良県では全課の職員が参加するワークショップを通して、一〇の達成目標、三〇一のアクションから構成される防災アクションプログラムを策定した（図6–7）。

実効性の確保という点では、目標達成型の戦略計画の枠組みでの計画構成、参画型での計画策定に加えて、①数値目標の設定、②財政的裏づけ、③計画の進捗管理・見直しの仕組み、を計画の中に組み込んでおくことが重要である。計画の目標を実現するという観点からみると、政策目標レベルで数値目標を置くことが重要である。各都道府県の計画では、事前に行うべき、被害軽減・抑止のための目標設定は行われているが、発災後の応急対応、復旧・復興施策については適切な指標が提案されていないこともあり、数値目標が設定されていない事例が多い。政策目標レベルでの数値目標ではないが、静岡県は全二八七のアクションに数値目標を設定し、計画の進捗をモニターしている（図6–8）。財政的な裏づけという意味では、計画策定時に財政部局と協議を行う愛知県の取組みは評価される。長期的な視野をもって確実に実行していくためには、自治体の総合計画と防災アクションプログラムの内容を整合させていくことが重要である。

3　企業の防災戦略（BCP）

行政機関だけでなく民間企業においても防災戦略は重要である。首都直下地震の被害想定では、経済被害一一二兆円（最悪シナリオ）のうち、企業の経済活動の停止による被害額が四兆円を占め、政府の「防災戦略」の首都直下地震による経済被害の四割減という目標を実現するためには、企業の防災への取組みが不可欠となっている。そのため政府の防災戦略では、企業に対して業務継続計画（Business Continuity Plan：ＢＣＰ）[5]を策定することを求めており、具体的には、今後五年間で大企業のほぼすべて、中堅企業の五割がＢＣＰを策定することを目標としている。

ＢＣＰとは、第３講にあるように自然災害等の危機事案のあと、企業活動を迅速に復旧する、さらには企業活動が停止しないことを目的とした計画である。日本においては、一部の先進的な企業ではＢＣＰ策定についての取組みが行われていたが、本格的にＢＣＰの策定が行われるようになるのは、中央防災会議が防災戦略の中でＢＣＰ策定についての数値目標を設定し、内閣府がガイドライン[6]を発表した二〇〇五年以降のことである。二〇〇七年新潟県中越沖地震による自動車部品メーカ「リケン」の操業停止が、ほぼすべてのメーカーの自動車生産をほぼ一週間にわたって停止させてしまったことからもわかるように、現在の企業活動はサプライチェーンで結ばれており、一企業の業務停止が、他の企業に対して連鎖的に被害を与える。全企業がＢＣＰを策定することは経済被害を軽減する上で非常に重要である。ＢＣＰを策定する上では、コンピュータの二〇〇〇年問題での各企業の取組みが参考になる。

日本の企業の場合、これまでも自然災害を対象として防災計画、災害対応計画をもっている事例があったが、これまでの計画と「ＢＣＰ」との大きな違いは、ＢＣＰの場合、ある程度の被害が出ることを前提に「いつまでに復旧するのか」という「目標復旧期間」（図６-９）を経営的な観点から定めることにあり、そのためには経営陣の参画が計画策定に不可欠となっていることが挙げられる。

これまでの防災計画は、総務部局が危機対応マニュアルとして策定していたものであるが、ＢＣＰ

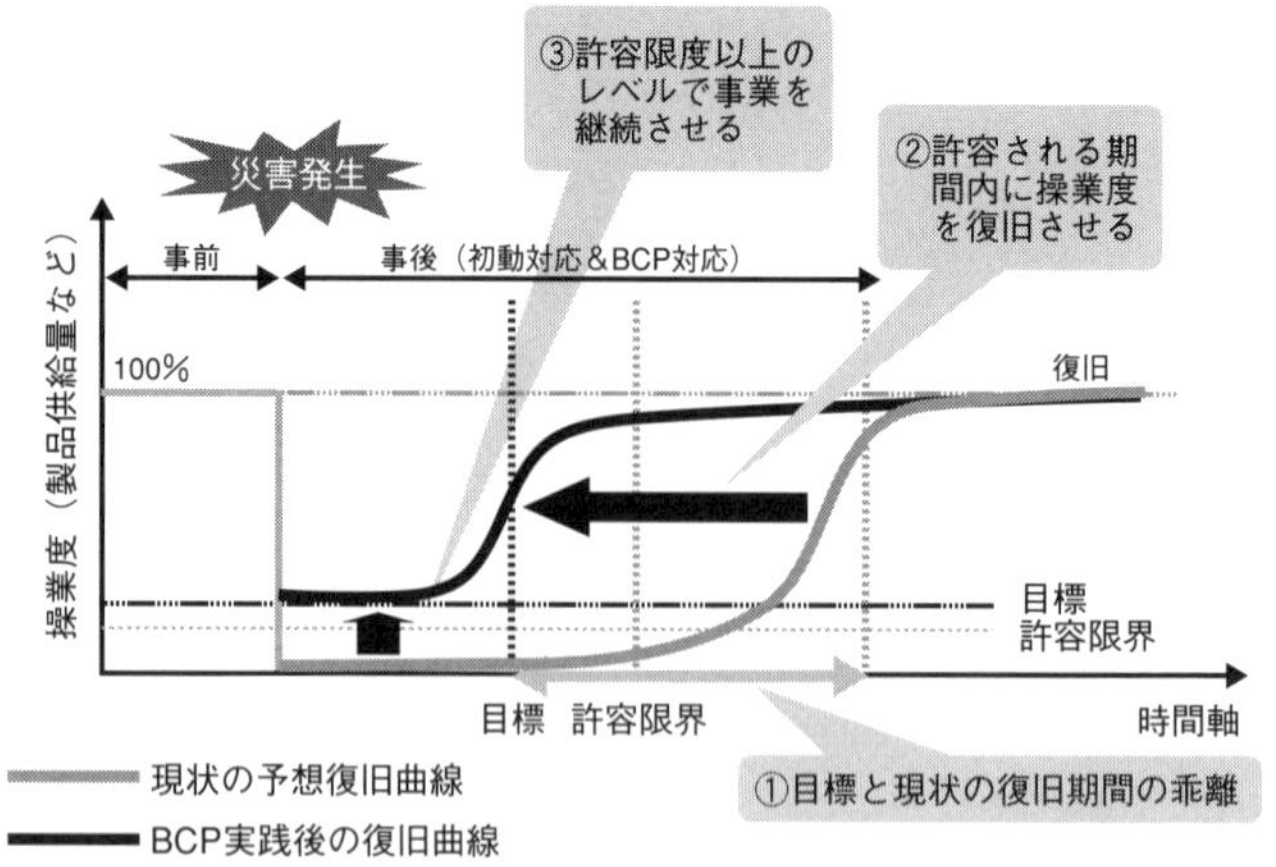

図6-9　BCPの概念（内閣府『事業継続ガイドライン 第一版 ― わが国企業の減災と災害対応の向上のために ―』2005）

の場合、計画策定に経営者がかかわることが不可欠であり、さらに設定した「目標復旧期間」の実現のために施設の耐震改修等々の総合的な対策検討が行われる。また、災害後の業務継続を確実にするためには、PDCA（Plan－Do－Check－Action）という継続的な見直しのプロセスが必要である。また、目標を定める計画（マニュアル）→手順を定める計画（手順書）→書式を定める計画（チェックリスト）といったように階層構造をもった計画を策定する必要がある。BCPは、企業にこれまでとは全く異なる新たな取組みを求めるものではなく、多くの企業が認証取得を行っているISO 9000（品質管理）、ISO14000（環境）と同様の計画体系となっており、ISOに基づく計画の策定、マネジメントを採用している企業にとっては計画策定はそれほど困難なものではないと考えられる。BCPについても現在、国際規格化が検討されている。

現在、災害・危機発生時のサプライチェーンの確保という観点から、取引企業に対してＢＣＰ策定を義務づける動きもあり、今後、多くの企業においてＢＣＰの策定が必須になると考えられる。

第7講 戦略計画の策定の方法

1 計画策定の前提条件と計画策定のプロセス

計画とは「あること行うために、あらかじめ方法や順序などを考えること」（大辞泉）であり、計画を策定する際には、最初に何を達成するための計画であるのか（ミッション）を明確にする必要がある。しかしながら、それだけでは不十分であり、策定する計画は「だれが」実行する計画なのかについても同時に決定する必要がある。日本の計画では、この点が不明確になっていることが多く、計画の推進・評価が難しくなっている。

「だれが」実行する計画なのかということは、計画策定に参画するステークホルダーの決定とも関係する。現在、自治体運営への市民参画が重要課題となり、行政が策定する計画であっても計画の実施主体として「市民」を含む場合が多い。しかしながら、計画策定における市民の参画は、ほぼ決定した計画に対するパブリックコメントを求めるというレベルにとどまっている。アーンスタインは住民参画のレベルを八段階（「参画の梯子《はしご》」(1)）に整理しているが、パブリックコメントを求めるというのは下から四段目の「形式的な意見聴取」にあたる。自助・共助・公助といわれるように危機管理・防災の実施主体は市民、地域、そして行政であり、市民と行政が協働して実施する計画の策定が望ましいことはいうまでもない。計画の目的（goal）、政策目標（objectives）については、市民と協働で計画を策定し、目標を共有する必要がある。しかしながら、計画実行のための計画である「アクションプラン」については、行政が実施する部分は「行政計画」として計画を策定し、その内容について「パブリックコメント」を求め、さらに、市民が実行する部分は、計画の目標に従って自分たちで地域の危機管理計画を策定するという形式が、だれが責任をもって計画を実行するのかという観点からみると合理的である。

2　戦略計画の考え方と計画プロセス

戦略計画の特徴として、先述のように目標達成型の階層性をもった計画構成であることが挙げられる。日本においては、戦略計画の枠組みによる計画策定は緒についたばかりであり、各階層の計画内容を表す用語は一定していない。図7–1に示すように英語では、計画の上位概念から順に、vision（ビジョン）→mission（使命）→goal（目的）→objectives（政策目標）→strategies/policies（戦略・施策）→programs/projects（事務事業）(2)という構成をもっているが、日本では自治体ごとに使われる用語が異なっている。

戦略計画策定のプロセスは、図7–2に示すように「体制づくり」から始まる。計画の種類にもよ

value（価値づけ）

抽象　長期
不変　総体

vision（ビジョン）	組織がめざす不変の理想を簡潔に述べた文章
mission（使命）	組織がめざす理想を実現する王道を簡潔に述べた文章
goal（目的）	組織の理想実現のために、当面数年間にかかげる目標
objectives（政策目標）	目的を達成するために実現すべき目標
strategies/policies（施策）	達成目標を実行するための具体的な戦略・施策
programs/projects（事務事業）	個別事業

具象　短期
可変　個別

図 7-1　戦略計画の用語定義

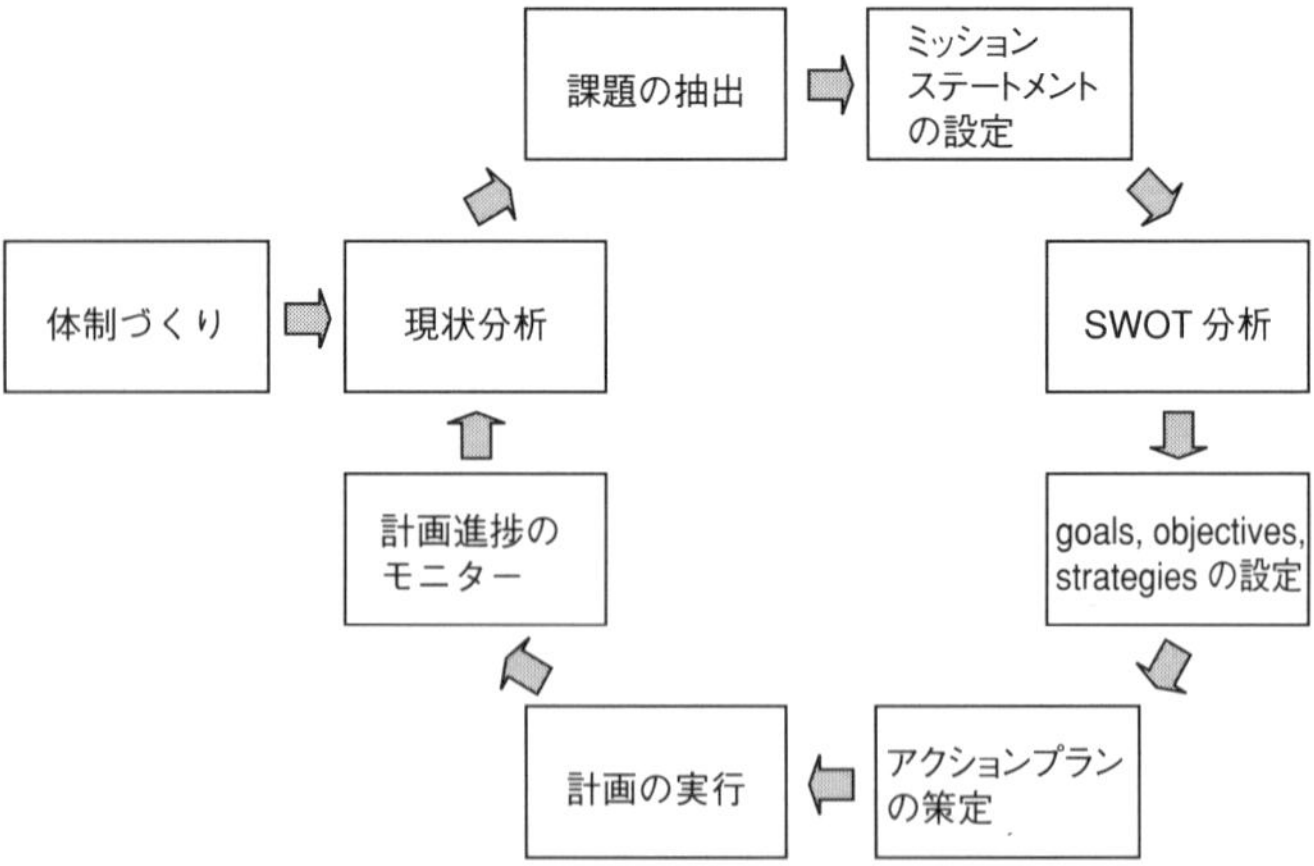

図 7-2　戦略計画策定の流れ　〔Hoch, Charles J., The Practice of Local Government Planning. International City/County Management Association, Third Edition, Washington, D.C., 2000〕

		外的要因	
		機会 opportunity	脅威 threat
内部要因	強み strength	積極的攻勢 政策目標 objective　政策目標 objective	差別化戦略 政策目標 objective　政策目標 objective
	弱み weakness	段階的施策 政策目標 objective　政策目標 objective	撤退 政策目標 objective

図 7−3　SWOT 分析結果のマトリックス

るが、計画策定のために臨時のプロジェクトチームが構築される場合が多い。戦略計画は組織全体の行動計画であり、プロジェクトチームの中にトップが参画することが不可欠である。計画策定の組織が構成されると、「現状分析」→「課題の抽出」が行われ「計画全体の達成目標」を定義する「ミッションステートメント」が設定される。民間組織の場合は、ミッションステートメントの実施主体はその組織ということになるが、行政の計画の場合は、計画の実施主体を明確にする必要がある。

「ミッションステートメント」が決定されると、組織の状況を分析するためのSWOT分析を行う（第6講参照）。その結果を、図7‐3のような形式で整理・分析を行い「計画の目的（goal）」「政策目標（objectives）」を決定し、「政策目標」を実現するための手段として計画を決定していく。

戦略計画は「計画の目的（goal）」「政策目標（objectives）」という長期的な視野をもって達成する上位概念と、その上位概念を実行していくための五〜一〇年後を目標とするアクションプランの二段構えの計画構成になっており、戦略計画策

施策の柱	施策項目	アクション目標	アクション項目	数値目標	担当部局・課（室）	課題検討		役割分担			事業期間			重要項目	H18予算措置
						現状分析	解決策	公助	共助	自助	短期	中期	長期		
Ⅰ															

図7－4　アクションプランの策定にあたって決めるべき項目（奈良県地震防災対策アクションプログラムの例）

定の次のステップは「アクションプラン」の策定となる。アクションプランの策定においては、「政策目標（objectives）」を達成するための具体的な手段である「施策（strategies）」「事務事業（programs/projects）」ならびに、組織の中でどの部局がその事務事業を担当するのかという業務の担当部局、さらには事業の完了時期等を決定していく（図7−4）。その後、「計画の実行」→「評価」という流れになっていくのであるが、計画の中に実行のための新たな組織の設置を含め計画を実行するための仕組み、評価の仕組みを組み込んでおくことが重要である。具体的な評価の方法については第8講で説明する。

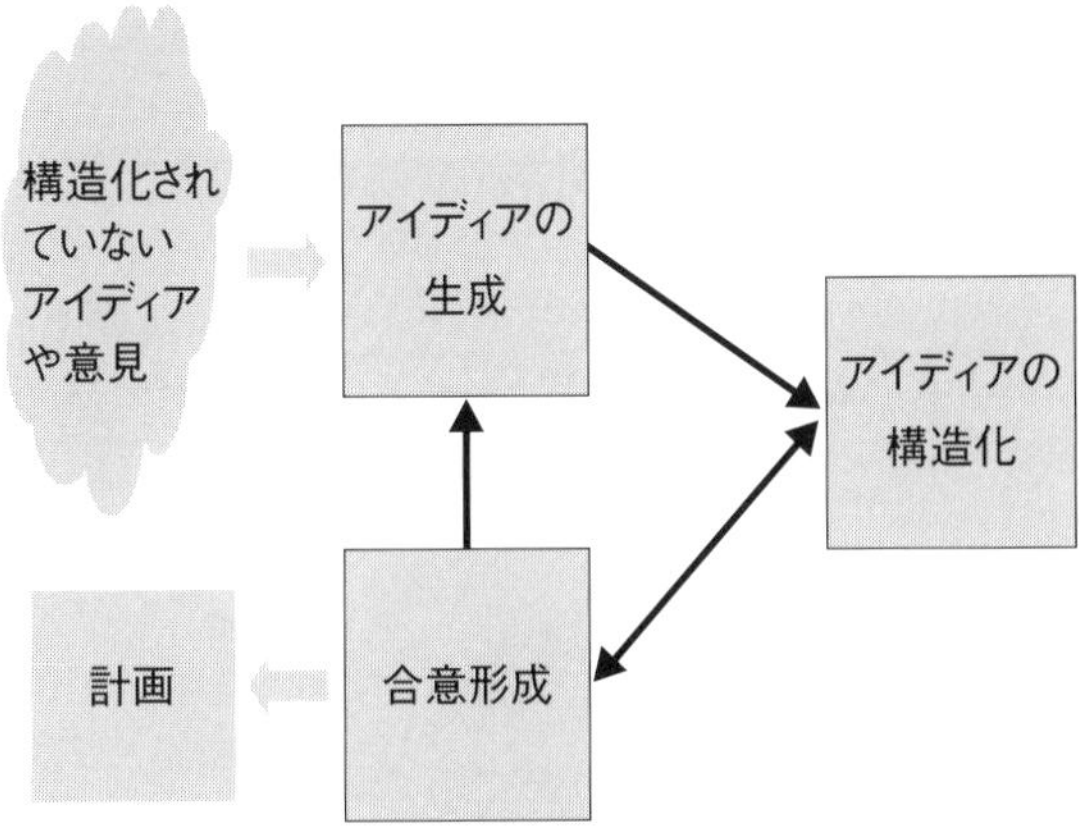

図7−5　計画策定のプロセス

ここまでが戦略計画の枠組みに基づく計画策定の流れであるが、その際に重要となるステークホルダーの参画という観点から「計画をつくる」ということについて考えてみたい。「計画をつくる」ということは関係者（ステークホルダー）のさまざまな「思い」を実行可能な形式にまとめていくプロセスである。したがって計画策定の最初のステップは「思い」を言語化し、計画の策定主体に伝達するという行為「アイディアの生成」である。しかしながら、ステークホルダーが生成したアイディアは、そのままではばらばらなものであり、計画にするた

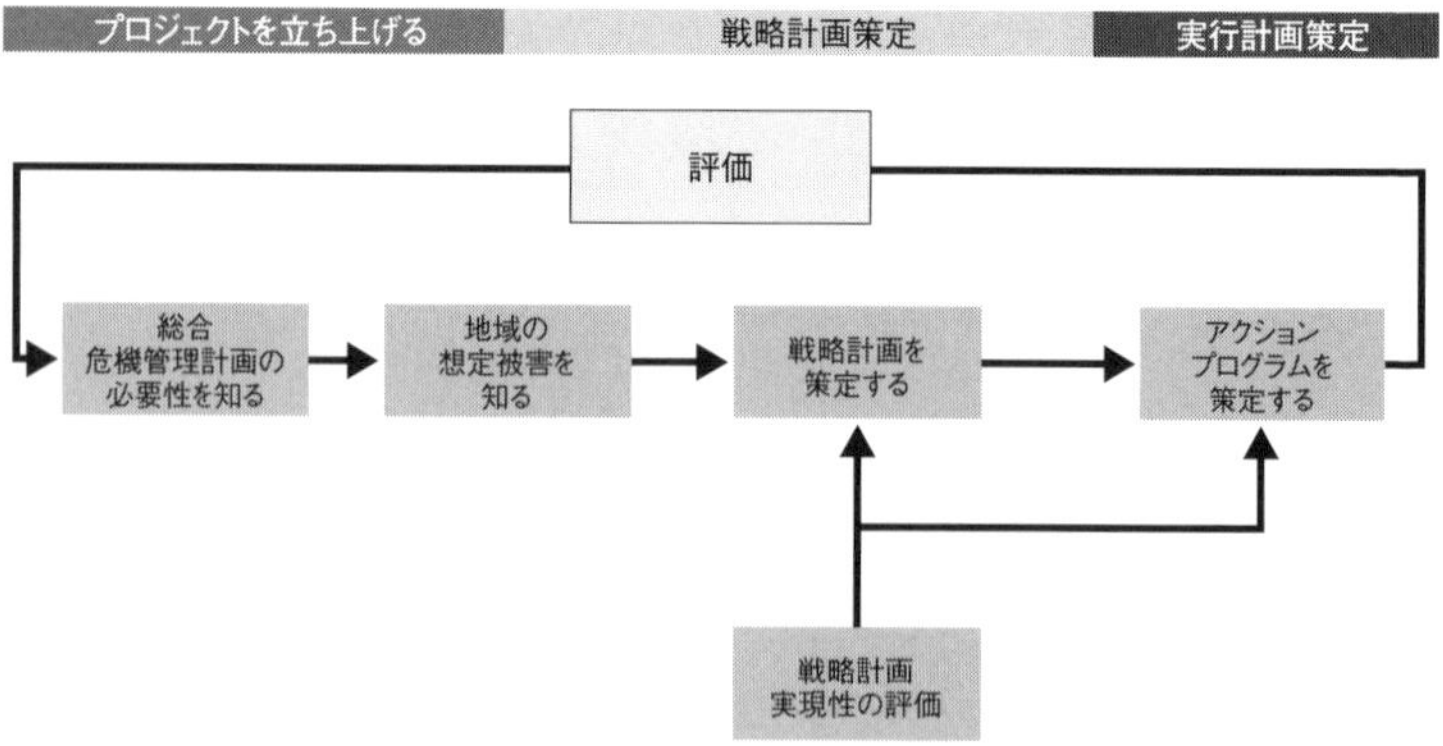

図7−6　危機管理のための戦略計画策定のプロセス

めには個々のアイディアをある構造に従って実行可能な形式に整理する必要がある。こういった「アイディアの構造化」の仕組みとして戦略計画の枠組みを利用する。

ステークホルダーの多様な思いを計画にするための最後のステップは整理・構造化の結果について「合意形成」をとることである。「アイディアの構造化」のステップで行われた整理が、自分の考えるものと異なる場合も考えられ、合意を得ることができないときには、「アイディアの構造化」のプロセスに戻る。「アイディアの生成」→「アイディアの構造化」→「合意形成」というプロセスを何度か繰り返すことにより最終的に計画は策定される（図7−5）。

3　危機管理のための戦略計画の策定プロセス

ここまで戦略計画全般について説明してきたが、以下、戦略計画の枠組みに基づく危機管理計画の策定手法について説明する。戦略計画の枠組みに基づく危機管理計画策定は「プロジェクトを立ち上げる」「戦略計画策定」

「実行計画策定」というフェーズから構成され、具体的には図7‐6に示すような「総合危機管理計画の必要性を知る」→「地域の想定被害を知る」→「戦略計画を策定する」→（戦略計画実現性の評価）→「アクションプログラムを策定する」というプロセスで策定される。また、アクションプログラムが実行に移されたあとは定期的に評価を行っていく必要がある。

プロジェクトの立ち上げフェーズでは、計画にかかわるステークホルダーに、「リスク評価」の結果に基づき、計画にかかわるステークホルダーと具体的にどういった事態が発生するのかについて共有する必要がある（「総合危機管理計画の必要性を知る」）。その結果、危機管理計画が必要だということになって初めて計画の策定が始まる。そして「地域の想定被害」に基づき、そうした被害に対処するための長期的な視点をもった「戦略計画」が策定される。その後、「戦略計画」を実行するための五年程度の計画期間・事務事業レベルまでの対策を含むアクションプランが策定される。アクションプランの策定に際しては、実施する組織の能力を考慮する必要があり（「戦略計画実現性の評価」）、組織のリソースアセスメントが行われる。リソースアセスメントにおいては、地域の状況、技術的可能性、行政上の課題（職員数、予算等）、政治的課題（議会、地元の諸団体）、法的制約、経済状況、環境に対する影響、といった項目について調査を行い、その結果に基づき実行可能性を評価し、最終的な「アクションプラン」が決定される。

4　参画型ワークショップによる計画づくり

ここでは危機管理のための戦略計画についてより具体的なイメージをもってもらうために、筆者らのグループが実施した危機管理計画の具体的な流れを紹介する[3]。

ステップ1　対象地域に関する基礎情報収集・分析（手段：調査、達成目標：対象地域の基礎的な情報の収集・分析を行う）収集・分析する必要がある情報は、①被害想定のための地理情報データ（デジタル化されていることが望ましい）：断層、地震動、建物の立地状況、道路、コミュニティーの境界等、②その地域の過去の地震被害、③社会情報：人口、社会・経済状況、行政組織、マスタープラン（地域の将来計画）等、から構成される。

ステップ2　災害に対する知識を深める（手段：講演、達成目標：防災対策にかかわる人たちの災害に対する「関心」と「正しい理解」を深める）①過去の災害の被害実態、②自分たちの地域での被害（住宅の被害想定結果）についての情報の提供（講演）を行い、問題意識の共有をはかる。

ステップ3　地域の将来計画（マスタープラン）を知る（手段：講演、達成目標：地域の将来計画（マスタープラン）について防災対策の策定を行う人の中で共有する）「防災の目的は地域の持続的発展可能性を担保することにある」という確認を行うとともに、その地域の将来計画についての再確認を行う。

ステップ4　守るべきものを明確化する（手段：小グループワークショップ、達成目標：「その地域にとって大切なもの」を明確化する）まちづくり、地域開発の分野でよく利用される「アセットマ

図7−7　ワークショップの風景

ップづくり」の技法を利用する。防災計画を策定する人々を一〇人程度のグループに分け（図7−7）、自分たちがこの地域で大切だと思う「もの」「こと」を付箋に書き出すとともに、場所を確定できるものについては地図上にプロットを行う。

ステップ5　守るべきものに対する被害想定を行う（手段：専門家作業、達成目標：リスクの評価）「守るべきもの」としてリストに挙げられた施設について被害推定を行う。

ステップ6　被害想定結果を共有する（手段：講演、達成目標：「守るべきもの」に対して行われた被害推定結果を共有する）被害推定結果を説明する際には、写真を用いて視覚的に理解可能なようにする必要がある。

ステップ7　防災計画を策定することを

意思決定する（手段：全体ワークショップ、達成目標：対象地域の防災計画を策定するかどうかの意思決定する）計画を策定しないという意思決定が行われた場合はここでプロジェクトは終了する。

ステップ8　想定される被害に対する対策について考える（手段：小グループワークショップ、達成目標：予想される被害に対する対策についてのアイディア生成）

ステップ9　アイディアの構造化を行う（手段：小グループワークショップ、達成目標：アイディアのグルーピング、構造化）小グループでのワークショップのあと、各グループの成果を発表し、全体での成果の共有を行う。

ステップ10　アイディアの検証を行い、計画のゴールを作成する（手段：専門家作業、達成目標：構造化された防災対策のアイディアについて専門家が検証するとともに、すべてのアイディアの内容を含むゴールを文章としてまとめる）

ステップ11　計画のゴールを決定する（手段：全体ワークショップ、達成目標：文章化されたゴールをワークショップにおいて発表し、合意形成を行う）

ステップ12　さまざまな災害対策手法について学び、防災対策の体系を知る（手段：展示会、達成目標：防災対策の全体像、体系をステークホルダーと共有する）

ステップ13　アイディアを階層化する（手段：小グループワークショップ、達成目標：アイディアの階層化）ステップ10で生成された成果は、戦略計画の枠組みに基づく階層分化が行われていない状態にあり（非常に広い概念を含むアイディアから、個別のプログラム／プロジェクトレベルのアイディアも含む）、図7-8のような流れでアイディアの構造化を行う。

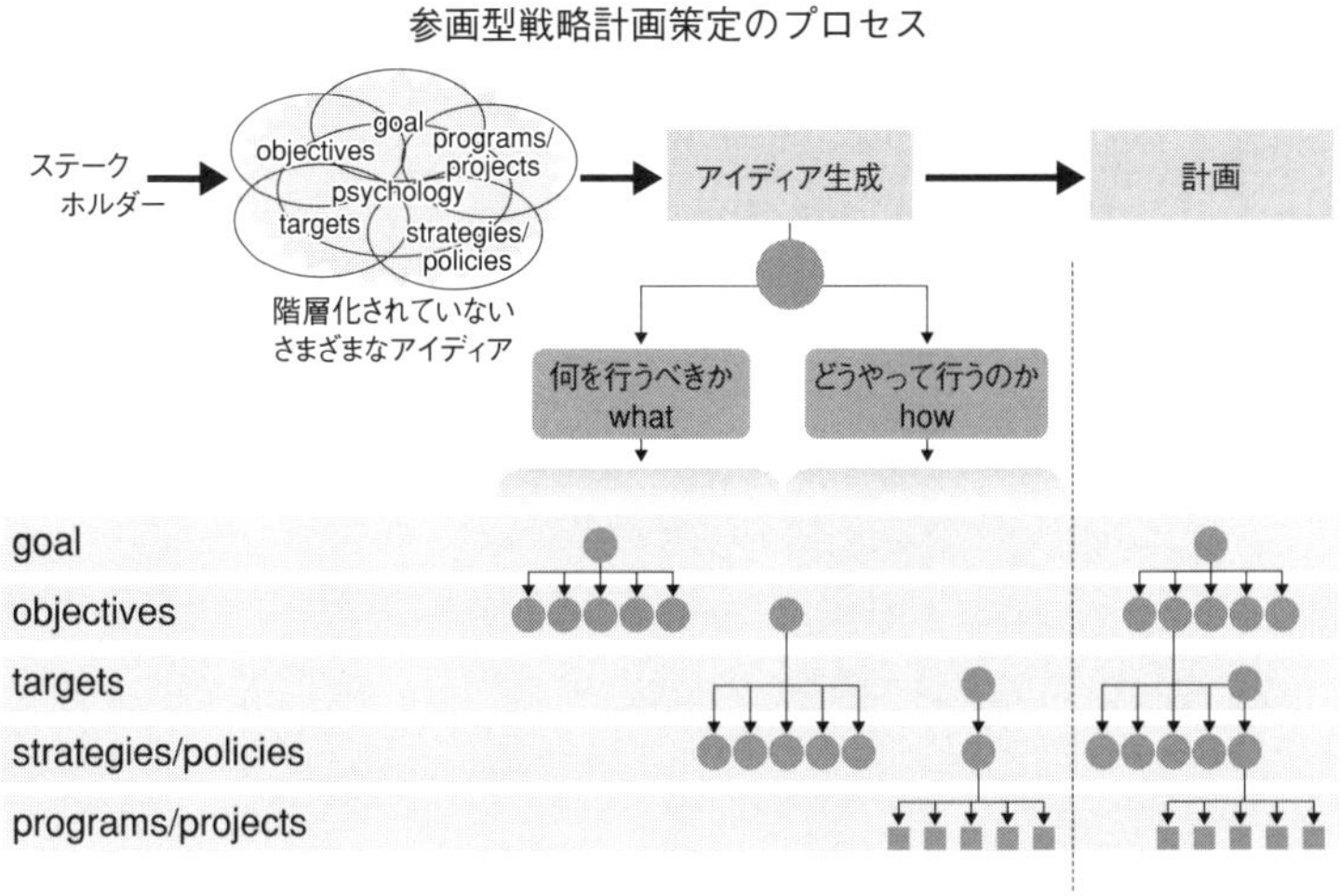

図7-8　危機管理のための戦略計画策定のプロセス

ステップ14　階層ごとに対策を確定する（手段：小グループワークショップ、達成目標：計画内容のブラッシュアップ）この結果、危機管理のための戦略計画が完成する。

ステップ15　リソース・アセスメントを行う（手段：組織内での検討、達成目標：計画項目の重要度、実施可能性、担当部局を検討する）アクションプラン作成の判断材料となるデータを作成するため各プログラム／プロジェクトの①重要度、②実施に移す際の外的／内的資源、③担当部局、④実施時期に関する質問紙調査を行う。

ステップ16　アクションプランを作成する（手段：小グループワークショップ、達成目標：重要度・実施可能性の観点から実施事業を決定し、実施時期、担当部局を決定する）アクションプランの決定は①上位○○位までを仮採択する（全体討議）、②各グループですべてのプログラム／プロジェクトについて再度検討し（不採択とされたものも含めて）、採択の可否、実施時期、担当部局について決定する。

第8講 業績評価と進捗管理

1 業績測定とは何か

「業績測定（Performance Measure）」とは、現在、世界標準となっている行政運営の評価手法であり、ニューパブリックマネジメントの流れの中で英国・米国の地方自治体や中央政府で行政運営の評価手法として利用されている。[1]「業績測定」を行う上で重要なポイントは、「アウトカム指標」で評価するということである。「アウトカム指標」の意味を理解するためには、「アウトプット指標」との違いを見ると分かりやすい。

アウトカム指標：サービスやプログラムがその目的、達成目標をどの程度達成したのか、顧客または社会に望ましい影響をどの程度与えたのかをはかる測定方法のこと。たとえば「人的被害の低減」という政策目標の場合、「死者半減」

アウトプット指標：行政機関またはそのプロラムがどれだけの単位の財やサービスを生産したのか

をはかる測定方法[2]。たとえば「防災講演会の実施回数」。

すなわち、アウトカム指標とは、戦略計画で設定された「政策目標（objectives）」がどれだけ達成されたのかを計測する指標であり、アウトカム指標による評価を行うためには政策目標を定めた戦略計画が策定されていることが必要である。それに対してアウトプット指標とは、計画を実行する組織が計画実施のために、「どれだけ頑張ったのか」「どれだけ事業を実施したのか」を計測する指標である。すなわち、アウトカム指標は戦略計画で設定された政策目標がどれだけ実現されたのか、という目標達成度を計測する指標なのである。そのためアウトプット指標による評価で組織の頑張りが高く評価されても、成果が出ていなければアウトカム指標では計画がうまく実行されていないという評価になる。

2　危機管理計画のための業績指標の設定

危機管理計画における業績指標

業績指標の設定は、戦略計画の枠組みに基づいた危機管理計画を策定する上で不可欠のプロセスである。しかしながら、実際に数値目標を設定する場合、①何を成果指標とするのか（すなわち、「地震に強い県土をつくる」という政策目標の場合、政策目標の達成度をはかる尺度を死者の低減にするのか、経済被害の軽減なのか、それとも他の尺度ではかるのか）、②どういった数値を設定するのか（すなわち、現状の被害想定による死者の数が一〇〇〇人なら、この数を半減させるのか、それともゼロにするのか）、という二つの課題が存在する。数値の設定方法としては、人的被害の低減を例として考えると、現状の指標値（ベースライン）が死者半減、ベストプラクティスが死者ゼロであった場合、その間で目標数値を設定するという方法、すなわちベースラインとベストプラクティス（優良事例）の指標値を収集し、その間の数値に設定する方法が一般的には紹介されている。しかしながら、危機管理の分野では業績指標を設定した事例は非常に限られており、数値の収集が困難な実情がある。

危機管理のための戦略計画における業績指標の設定の事例として、政府の防災戦略が定めた「死者半減（首都直下地震、東海、東南海・南海地震）」「経済被害半減（東海、東南海・南海地震）」「経済被害四〇％削減（首都直下地震）」がある。しかしながら、危機管理のための対策は、被害を出さないための対策（被害抑止）と、発生した被害を最小限にとどめる（被害軽減）、という二つの対策から構成されている。政府の防災戦略は主として被害抑止のための業績指標を定めるものではあるが、被害軽減対策の効果についてはうまく評価できる仕組みにはなっていない。

現在、いくつかの自治体で策定されている防災アクションプログラムの政策目標をみると、「1 かけがえのない県民の生命を守る。2 被災後の県民の生活を守る。3 県民生活の確かな復旧・復興を進める」（静岡県地震対策アクションプログラム二〇〇六）のように、被害抑止対策に加えて、災害後の生活の安定、さらには復旧・復興といった被害軽減にかかわる項目も政策目標として設定されており、こういった項目も危機管理を考える上で重要な達成目標の一つである。

災害後の対応にかかわる指標の一つの考え方として、「業務継続計画（Business Continuity Plan：BCP）」における目標復旧時間の設定がある。国土交通省では首都直下地震を視野に入れた「国土交通省業務継続計画[3]」を策定しており、その中で災害対応以外の一般業務については「一時間：航空機の運行管理、一二時間：首都圏以外の事故・自然災害対応、河川情報提供……」といった復旧目標時間を定めており、これも被害軽減を目的とした業績指標設定の一つの考え方である。

しかしながら、災害や危機事案はその事例が非常に限られているため、現在のところ、どういった尺度で「被災後の県民生活の安定」「確かな復旧・復興」ための取組みの進捗状況を評価するのか、さらには、どういった数値を業績指標とするのかについてのコンセンサスは得られていない。それではどのように「指標」を設定すればよいのか、以下一つの事例として業績指標の手法を紹介する。

セオリー評価に基づく業績指標の設定

「セオリー評価」とは、原因と結果の連鎖関係を明らかにする「ロジック・モデル」をもとに政策を評価する方法であり、もっともシンプルなロジック・モデルは投入→活動→結果→成果（投・活・結・成）という図8－1に示されるようなモデルで示される。[4] 図8－1では、命を守るという「成果（outcomes）」を実現するための「結果（outputs）」として建物の耐震改修という結果を例として挙げている。しかし、命を守るための対策は、建物の耐震改修以外にも家具の固定、火災の発生防止、火災の延焼防止、救急救命体制の充実等々、さまざまな対策が存在する。その中でなぜ建物の耐震改修が、命を守るという政策指標を実現するためのもっとも重要な結果（outputs）であるとして選択されるのかを示す根拠が必要となる。図8－1は非常に簡単なモデルであるが、成果（outcomes）は、実際にはさまざまな対策の組合せの結果として達成されるものであり、「成果」の指標＝「業績指標」を決定するためには、さまざまな対策相互のロジック・モデルを作成する必要がある。

ロジック・モデル作成には、「戦略オプションの開発・分析アプローチ（Strategic Options Development and Analysis Method：SODA）ほか、さまざまな方法が存在するが、ここでは制約理論（Theory of Constraints：TOC）[5]の考え方を踏まえた危機管理計画のロジック・モデルの策定事例について紹介する。図8-2は奈良県地震防災アクションプログラムで用いた「施策連関図」である。「的確な情報処理を実施する」「有能な人的資源を十分確保する」という二つの政策目標（objectives）を実現するための「手段」として考えられた施策群を、施策相互の因果関係に基づき整理したものである。

施策連関図をみると政策目標を達成するためには、論理的には、その根本にある施策である「災害対応業務の標準化を行う」（＝コアとなる課題）がもっとも優先して実施すべき課題であり、「災害に強い人・組織をつくる」ということがその達成目標であるというのを容易に理解できる。このように施策群を整理することにより、成果＝災害に強い人・組織をつくる、結果＝災害対応業務の標準化を行う、という関係を明らかにすることが可能になる。

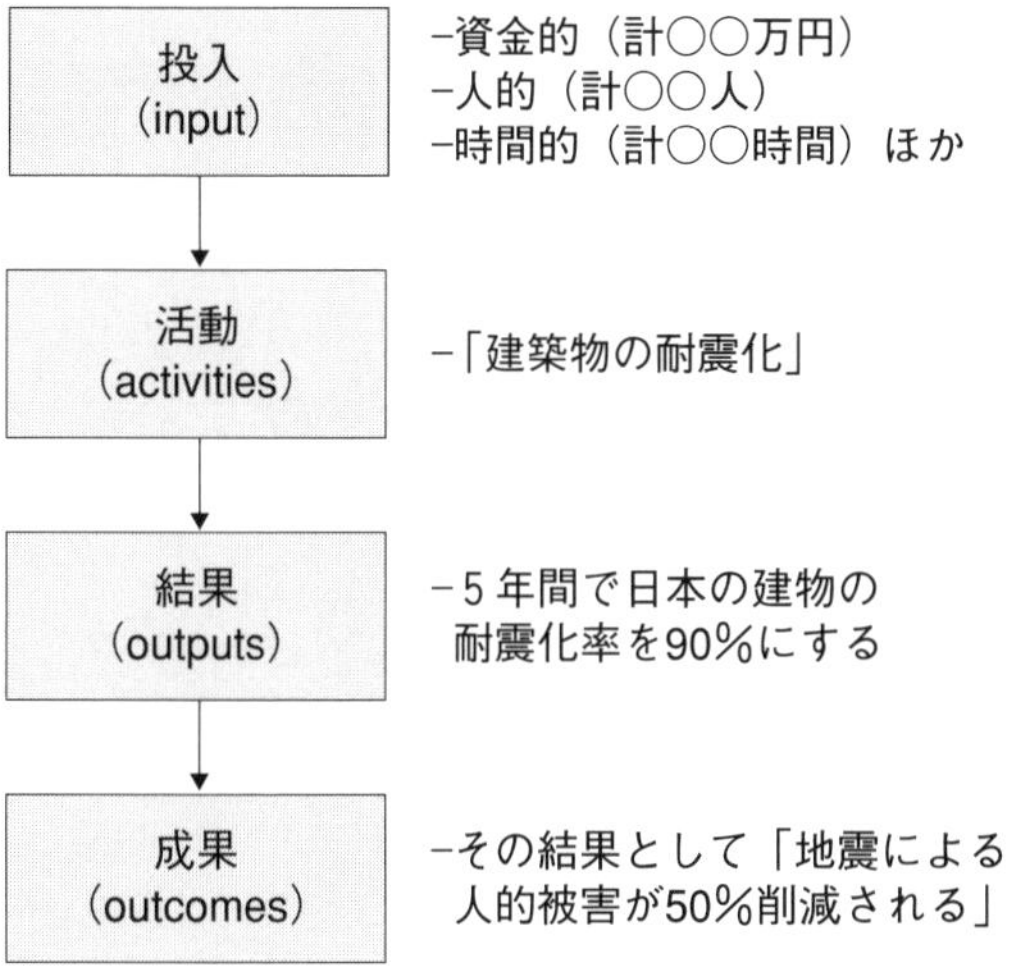
投入（input）
–資金的（計○○万円）
–人的（計○○人）
–時間的（計○○時間）ほか
活動（activities）
–「建築物の耐震化」
結果（outputs）
–5年間で日本の建物の耐震化率を90%にする
成果（outcomes）
–その結果として「地震による人的被害が50%削減される」

図8-1 ロジック・モデル〔龍ほか『投・活・結・成』、2007に基づき筆者作成〕

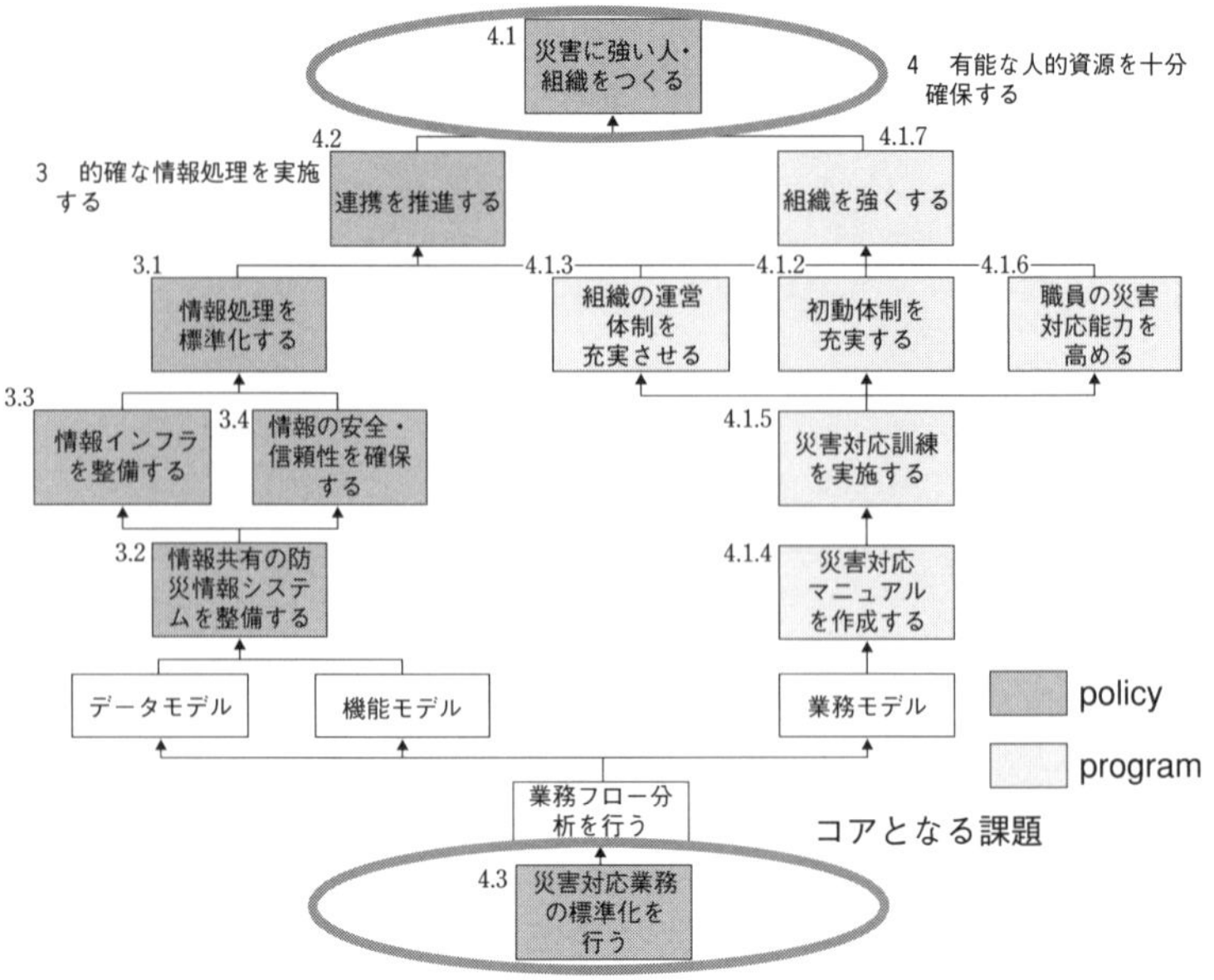

図8-2　施策連関図〔奈良県地震防災対策アクションプログラム〕

次のステップは、業績目標の設定であるが、どのような指標で「災害に強い人・組織」を表すのかについては、現在、自主防災組織の組織率等の指標が示されているが確定したものはなく、今後の検討課題となっている。一方、「災害対応業務の標準化を行う」という結果については、三年以内に災害業務の標準化を行う等の数値目標を容易に設定することが可能である。危機管理に関する計画のように一般的な指標がいまだ確定していない分野の計画では、施策連関図を用い、その根本にある施策（＝コアとなる課題）を抽出し、その施策に数値目標を設定する、という手法が、政策目標の達成を担保しながら具体的な施策レベルでの数値目標の設定を行うためには、有効であ

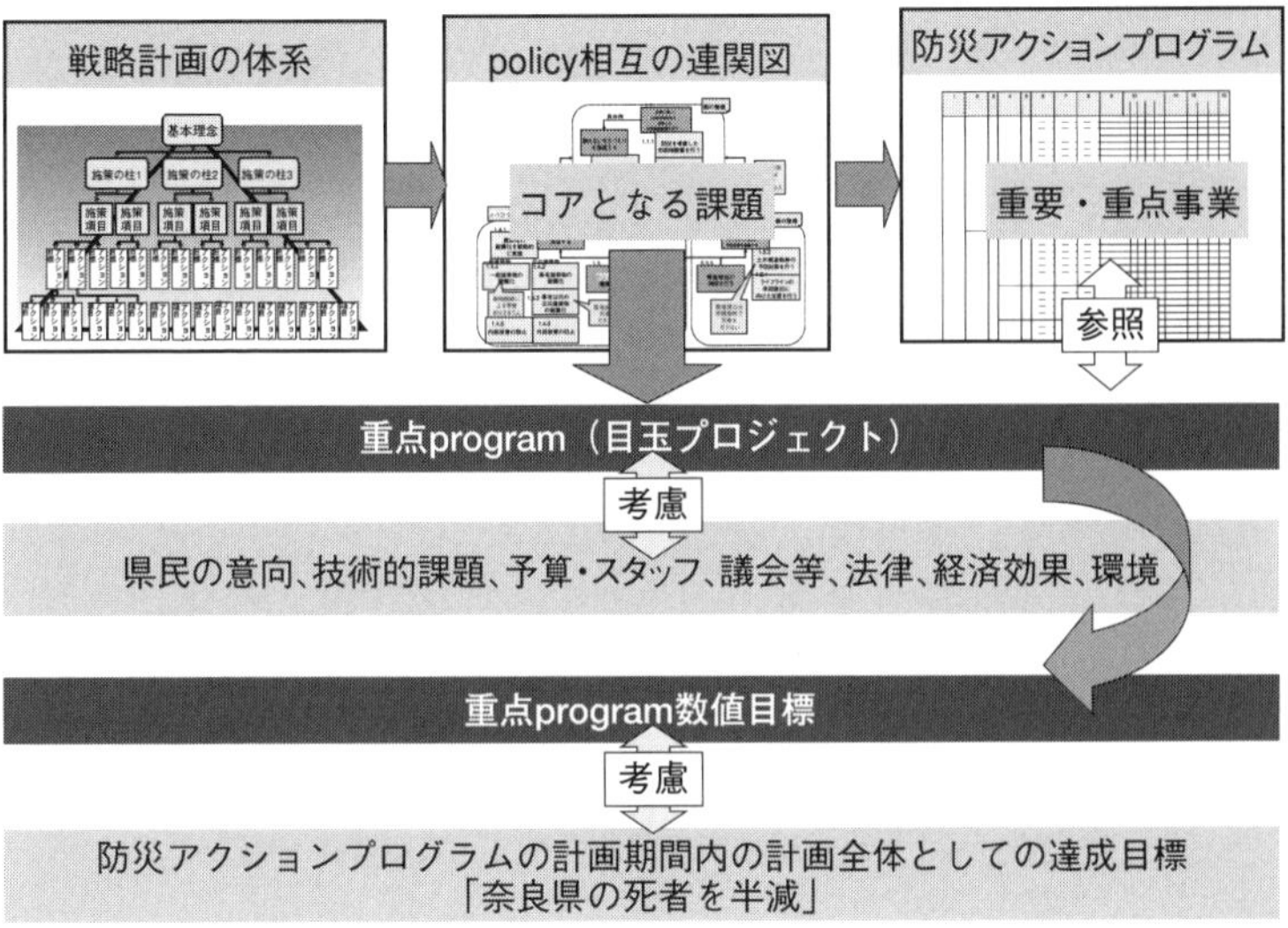

図8−3　業績指標決定のプロセス〔奈良県地震防災対策アクションプログラム〕

ると考えられる。また、行政計画の場合、社会的な要請に基づき、すぐに解決する必要のある課題も存在する。奈良県地震防災対策アクションプログラム[6]では長い時間を必要とする「予防対策」は問題の根（コアとなる課題）となる対策に、急を要する「応急対策」については「最終の達成目標を実現するための対策に重点的に取り組む」という方針に基づき、業績指標の考え方を反映した形での数値目標の設定が行われている。図8−3に業績指標設定のプロセスを示す。

3　進捗管理・評価の手法

アウトカム指標とアウトプット指標

戦略計画の評価は、どれだけ政策目標が実現されたかどうか、という観点から評価されるのであるが、政策目標が実現されないいくつかの原因として、図8−4に示すようないくつかの原

政策目標が達成された

政策目標（アウトカム）	○			
行政（アウトプット）	○	○	×	×
市民（アウトプット）	○	×	○	×

政策目標が達成されなかった

政策目標（アウトカム）		○		
行政（アウトプット）	○	○	×	×
市民（アウトプット）	○	×	○	×

施策体系の見直し

図8－4　アウトプット指標とアウトカム指標の比較

因が考えられる。ステークホルダーが計画を実行しなかったために、政策目標が実現されない場合の対処としては、計画を実行するという対策が講じられるが、ステークホルダーが計画を実行したのにもかかわらず、政策目標が実現されない場合には、施策、事務事業の組み方が誤っていたことになり、計画の見直しが必要になる。アウトカム指標で評価を行うのであるが、それと同時に各事業の実現にどれだけ頑張ったのかを示す指標であるアウトプット指標での数値目標を設置し、進捗状況について監視しておくことも重要である。図8-5に奈良県地震防災対策アクションプログラムのアウトプット評価の結果を示す。

参画型での計画評価

計画の実行主体に行政だけでなく市民をはじめとするさまざまなステークホルダーが含まれている場合、計画評価のプロセスにもステークホルダーが参

奈良県地震防災対策アクションプログラム進捗状況一覧（平成19年3月時点）

各課からの自己評価をもとに、301の「アクション項目」について、進捗状況をA～Dに分類し、そして、「施策の柱」および「施策項目」ごとに進捗率を計算し、「青」、「黄」、「赤」の3段階に分類し下記の通り表示しました。

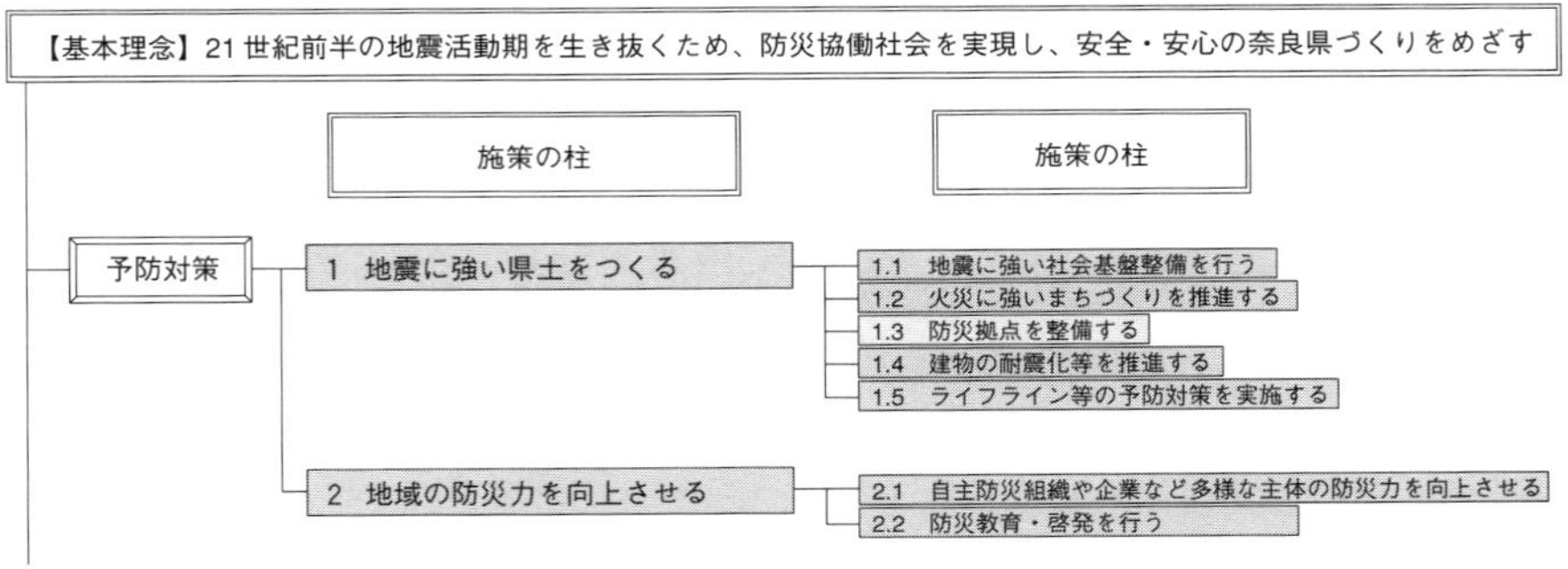
【基本理念】21世紀前半の地震活動期を生き抜くため、防災協働社会を実現し、安全・安心の奈良県づくりをめざす
施策の柱
施策の柱
予防対策
1 地震に強い県土をつくる
1.1 地震に強い社会基盤整備を行う
1.2 火災に強いまちづくりを推進する
1.3 防災拠点を整備する
1.4 建物の耐震化等を推進する
1.5 ライフライン等の予防対策を実施する
2 地域の防災力を向上させる
2.1 自主防災組織や企業など多様な主体の防災力を向上させる
2.2 防災教育・啓発を行う

進捗状況

- A ：18年度までに事業完了
- B ：計画通りに進行中
- C ：計画通りに進行していない
- D ：今後取り組む項目

進捗率【(A＋B)／(アクション項目数)】

- 青 ：70％≦進捗率≦100％
- 黄 ：30％≦進捗率＜ 70％
- 赤 ： 0％≦進捗率＜ 30％

	アクション目標数	アクション項目数	進捗状況 A	進捗状況 B	進捗状況 C	進捗状況 D	進捗率
	3	9		8	1		88.9%
	2	7		7			100.0%
	2	5	1	1	3		40.0%
	4	17		14	2	1	82.4%
	3	7		7			100.0%
(小計)	14	45	1	37	6	1	84.4%
			2.2%	82.2%	13.3%	2.2%	
	9	25	2	20	1	2	88.0%
	2	8		7		1	87.5%
(小計)	11	33	2	27	1	3	87.9%
			6.1%	81.8%	3.0%	9.1%	

図8－5 アウトプット評価の事例〔奈良県地震防災アクションプログラム〕

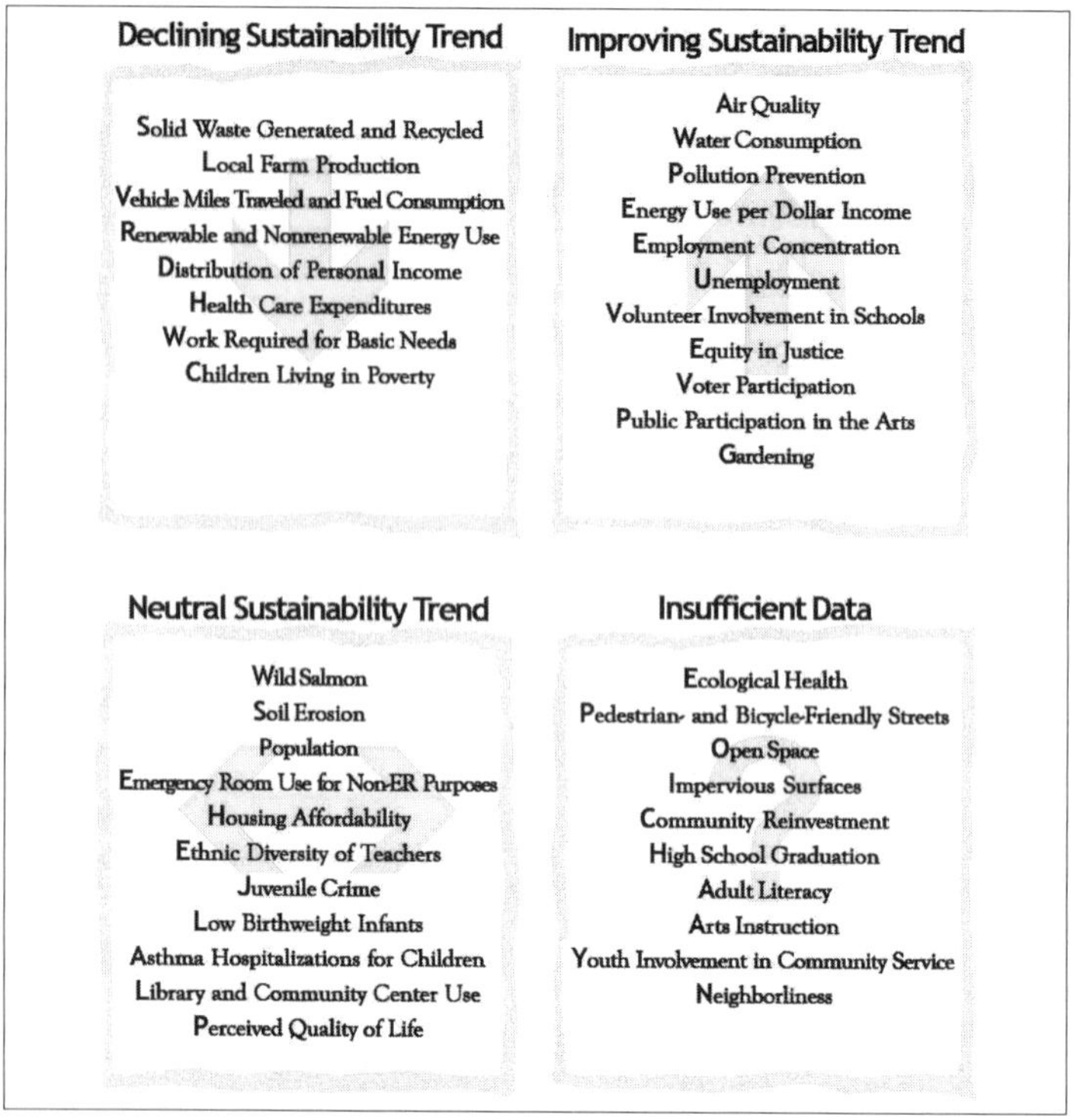

図8－6　参画型での計画評価〔Sustainable Seattle, Indicators of Sustainable Community, 1998〕

画することが不可欠である。設定した業績指標の達成のためには、関連するステークホルダーの頑張りも重要な要素であり、評価プロセスへのステークホルダーの参画は不可欠である。また、評価プロセスへの参画は、自分たちの活動も計画を推進するのに重要な役割を果たしているということを再認識する上でも有効である。

「環境」の分野では、すでに市民参画型でアウトカム指標の設定を行うとともに、各アウトカム指標について市民が実際に「改善した（↑）」「悪化した（↓）」「変わらず（↔）」「不明（?）」という四段階で評価を行うような形式での計画評価が実施されている。図8-6は米国シアトルのNPO（Sustainable Seattle）が実施している計画評価のレポート[7]である。地域の安全・安心を守ることを目的とした危機管理においても、自助・共助・公助といわれるように　市民、さらにはさまざまな団体の参画が不可欠であり、今後、環境問題と同様に参画型の計画評価の取組みが求められる。

第9講 一元的な危機対応システム

1 危機対応とは何か

危機に臨んで対応を求められる立場になったとき、当事者としてどのように振る舞えばいいのだろうか。まさかと思う予想外の事態に直面して、自らの行動を律するべき指針はあるのだろうか。この疑問に答えるために、だれもが経験するかもしれない一つの事例を紹介することから始めよう。

「私がまだ大学生だったころ、札幌に住んでいた叔父が二週間に一回上京してきたことがあった。普段出不精な叔父が頻繁に上京する理由は、当時小学生だった次男が白血病にかかったためだった。息子の成長を願う親の気持ちとその子が白血病だという現実の間にギャップを埋めるために、叔父は丸山ワクチンを入手するために二週間に一回上京していたのである。丸山ワクチンは当時認可されておらず、どこでも入手できる薬品ではなかったため、二週間ごとに日本医科大学付属病院ワクチン療法研究施設を訪れる必要があった。結果は残念なものだったが、できるだけのことをしたという想いがせめてもの救いになっている」。

この事例は、危機に臨んだときに当事者として覚悟すべき四つのポイントが存在していることを明らかにしている。それを標語風に述べると、以下のようになる。

危機対応とは、

① 達成目標である理想の状態と現状との差を極小化するために、

② 金を惜しまず、

③ 結果を恐れず、

④ できることは何でもする、

ことである。

第3講で述べたように、危機とは達成目標と現実の間に生じるギャップであると定義できる。したがって、危機対応とは、両者のギャップを極小化するための行動である。実際の行動の選択にあたっては、解決策として現状を改善する場合もあれば、理想を下げる場合もありうる。いずれの方策をとるにしろ、危機対応を成功させるためには、タブーを設けずに、できることならば何にでも挑戦することが必要となる。そのためには、コストを惜しんではいけないし、失敗を恐れてもいけない。それを可能にするのが、組織のトップの「責任は自分がとるから、最善を尽くしてほしい」という一言なのである。その一言によって部下は思いきって対策が打つことができるが、それがないと部下は失敗を恐れて慎重になり、なかなか動けないからである。

本講では、危機対応の当事者が覚悟するべき四つのポイントを踏まえた危機対応システムを組織が構築するために必要となるステップを順番にみていく。

2 評価軸の設定

図9-1に示すように、達成目標と現実との間にギャップがあると認識できることは、当然それを評価する評価軸がすでに存在していることを示唆している。これは評価軸なしに達成目標と現実の差をみることはできないからである。どうせ評価軸をもつならば、第8講でみたように、定量的に評価できる軸が望ましい。それが数値目標をもつことが価値をもつ背景である。

したがって、危機対応の第一歩は評価軸を決定し、その上に危機対応にあたっての達成目標と現状を位置づけることである。たとえば、目標体重が六九キログラムで現状七三キログラムならば、四キログラムオーバーしていることになる。その原因が過食、飲み過ぎ、運動不足であれば、食べ過ぎない、飲み過ぎない、適度な運動をするということが問題解決の方法となる。このようにギャップが明確に評価できてはじめて、どのように対応するべきかの方針も明らかになる。

3 活動目標の明確化

評価軸の上に達成目標を位置づけると書くと、達成目標が現場で自由に決定できるような印象を与えるが、達成目標は現場から生まれるのではなく、組織のミッションステートメントから演繹《えんえき》されるものである（図9-1）。ミッションステートメントとは、組織に付託されている社会的使命、組織これまでが大切にしてきた価値観、今後も伝承するべきと信じる方針や慣行を、だれもが理解できるようにわかりやすく表現したもので、組織のメンバーが判断や行動の基準とするものである。優れたミッションステートメントには、簡潔でわかりやすいこと、意思決定のよりどころとなること、グローバルな視点や評価に耐えうる論理性と普遍性をもつこと、時代の要請に応えるもの、といった特徴がある。

最近わが国でもミッションステートメントを整備する組織が増えてきている。ミッションステートメントによる組織経営が進んでいる米国では、企業であり、地方自治体であれ、大学であれ、NPOであれ、ミッションステートメントをもたない組織はきわめて少なくなっているほど普及している。ミッションステートメントによる組織経営では、さまざまなステークホルダーが参画した議論を通して、組織の存在意義（mission）、めざす姿（vision）、長期的な目的（goal）が階層的・戦略的に整合した形で成文化されている（第7講、74ページ参照）。そのため、ミッションステートメントを理解し、それに記された事項を遵守するだけで、だれでもその組織の活動に参画することが可能になる。さらに毎日の組織活動における意思

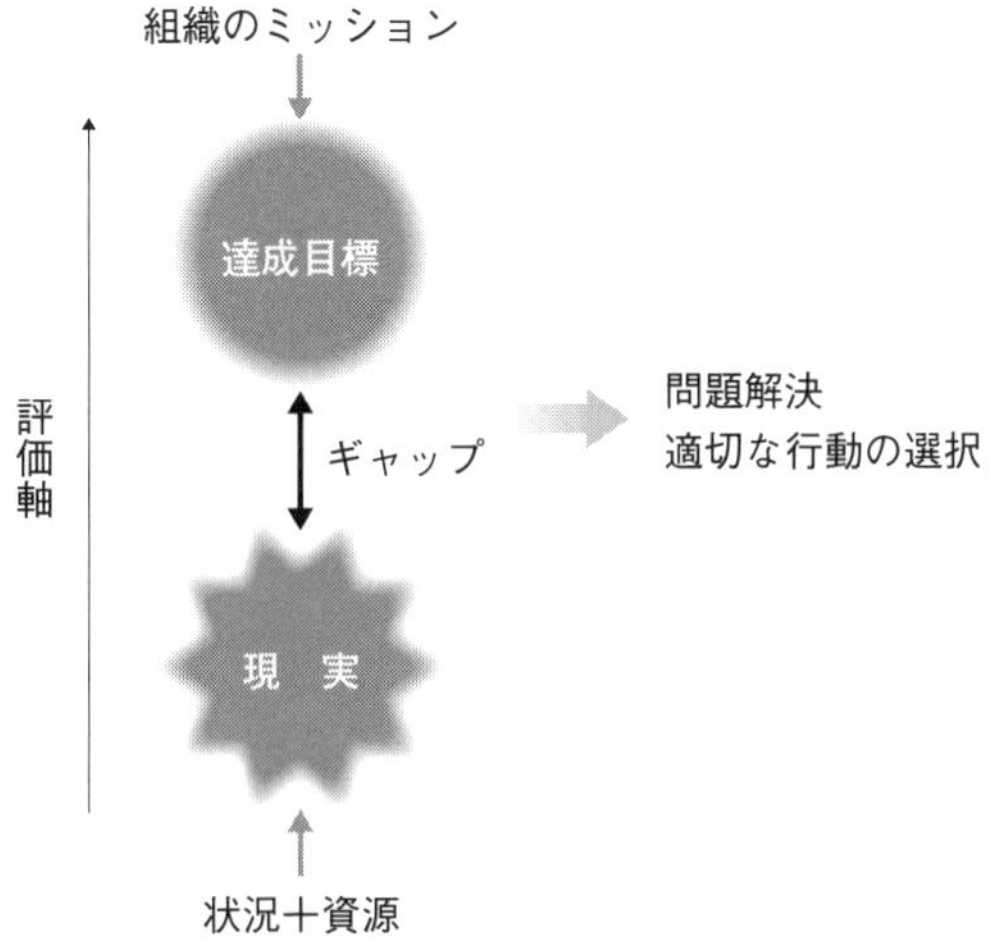

図9-1　危機対応のモデル

決定も上位の規定との整合性を根拠にして行われる。つまり、ミッションに即したゴールはよいゴールとして高く評価される。逆にミッションに即さないゴールは低く評価される。具体的な政策目標（objectives）を決定する際も、組織が前もってもっているゴールの実現にそれがどのように寄与するのかによって評価されることになる。危機管理において何を達成するのかを決する場合でも、組織のミッション、ビジョン、ゴールをいかに実現できるかが判断の根拠となる。

一九八二年に発生した「タイラノール事件」で、ジョンソン＆ジョンソンが顧客第一主義のミッションステートメントに基づいて行った迅速な対応は、企業の危機対応の手本とされている。ジョンソン＆ジョンソンの主力商品であった家庭用鎮痛剤タイラノールカプセルに青酸カリが混入され、シカゴ近郊で七名が死亡した事件が発生し、マーケットシェアが落ち込んだ。それに対して、同社はタイラノールの全品回収を決断した。それは非常に費用がかかり、かつ、その時点では先行きの見通しがつかない決断であった。その後、マスコミを通じた積極的な情報公開を行うとともに、対策チームを設置して安全なカプセル容器を開発するなど、素早い対応を実施し、タイラノールに対する社会的信頼を回復させ、マーケットシェアも回復している。

4　現実の把握

達成目標を明確にしたあとに必要となるのが、正確な現状把握である。現実を把握するというときに、状況把握と資源把握という二つの側面に分けて考える必要がある。一例として米国でもっとも先進的な危機管理体制を構築しているカリフォルニア州の情報処理の仕組みをみてみよう。カリフォルニア州危機管理局が開発した危機対応のための情報処理システム（Response Information Management System：ＲＩＭＳ）は、ＳＥＭＳとＭＲＴという二つの要素で構成されている。ＳＥＭＳとはStandardized Emergency Management Systemとよばれる状況把握のための情報処理のための帳票群である。一方、ＭＲＴとはMission Request Trackingとよばれる資源管理の仕組みである。つまり、カリフォルニア州の危機管理局は危機対応において必要なのは、状況把握と資源把握を行うやり方を整備することだと割り切っている。迅速かつ正確な状況把握を実現し、リアルタイムでの資源管理を実現するために、必要となる帳票をあらかじめ整備し、コンピュータ処理するシステムを構築することで、抜け・漏れ・落ちなく効果的な情報処理を可能にしている。

5　インシデント・マネジメント・システム

これまでの議論を踏まえて、効果的な危機対応を可能にするモデルの姿をまとめたものが図9－2である。達成目標と現実のギャップを埋めるために何が適切な行動かを意思決定することが危機対応の本質である。そのためには、組織のミッションステートメントを反映した危機管理計画やそこから演繹される当面の活動計画に基づく達成目標を明確にする必要がある。次に、自分たちが置かれた現実を正確に把握することも必要となる。そのためには状況把握と資源把握を行う必要がある。抜け・漏れ・落ちのない現実把握を可能にするためには、状況把握のための帳票や資源把握のためのシステムを整備することが有効である。

こうした危機対応の方法は、世界の危機対応のデファクトスタンダードになっているインシデン

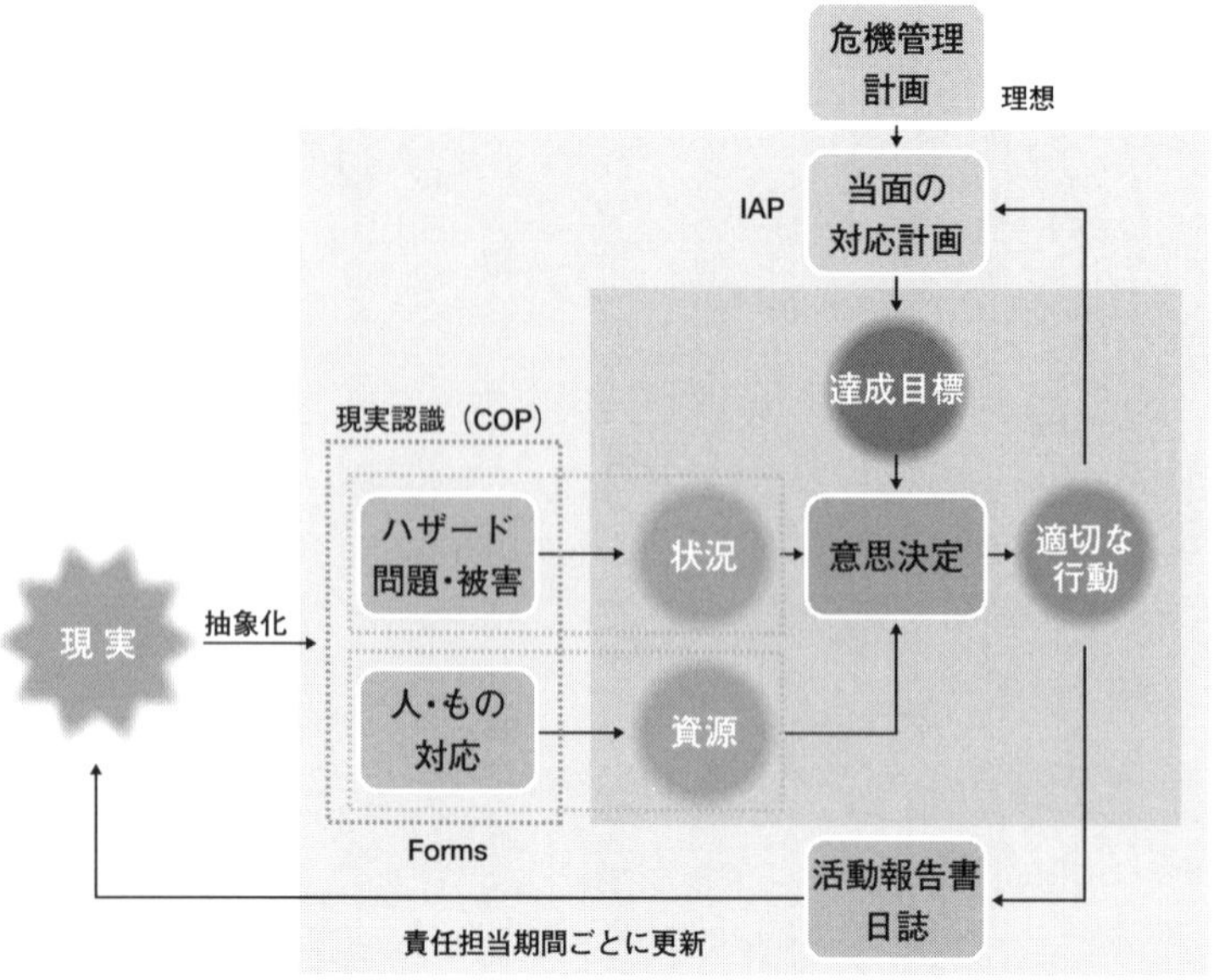

図9−2　ICSに基づく危機対応

ト・コマンド・システム（Incident Command System：ICS）とよばれる危機対応システムが採用している方式である。ICSは一九七〇年代のカリフォルニア州の森林火災現場で起こっていた次のような危機対応上の問題点を解決するために考え出された危機対応システムである。

①　あまりにもたくさんの人の報告が一人のリーダーに集中したため、リーダーの処理能力がパンクした。

②　危機対応にかかわる組織がばらばらな組織構造をもっていた。

③　信頼できる情報が入らなかった。

④　通信手段の不備で、相互に連絡がとれなかった。

⑤　関係機関が連携して対応するような計画になっていなかった。

⑥　権限の境目が曖昧だった。
⑦　それぞれの機関が使っている用語が不統一であった。
⑧　対応における目標が不明確で具体性に欠けていた。

広域にわたって発生する森林火災の現場には、連邦政府、州政府、地元自治体、米国赤十字などさまざまな機関からたくさんの人たちが対応に従事していたが、その対応はけっして効果的とはいえず、前述したような多くの問題が露呈した。この問題を解決するべく関係機関を横断的に集めてつくられたＦＩＲＥＳＣＯＰＥとよばれるタスクフォースが解決策として二つのことを答申した。第一は、危機対応に関係する組織がすべて同じ危機対応の仕組みをもつこと、第二は、危機対応には、指揮調整・事案処理・情報作戦・資源管理・庶務財務という五つの機能が必要となる、ことである。

この答申に即して危機対応組織の標準化を行うことで、カリフォルニア州の森林火災での危機対応は効果的になり、結果として一九八〇年代にはＩＣＳは全米の森林火災関係者が採用する標準的な危機対応システムとなった。一九九〇年代には連邦危機管理庁（ＦＥＭＡ）やコーストガードをはじめとする全米の危機対応関係の諸機関もＩＣＳを採用するようになった。さらにさまざまな種類の災害での危機対応だけでなく、ワールドカップやオリンピックなどのイベントでの危機対応にもＩＣＳが採用され、どのような原因で発生する危機でも対応できる危機対応システムとして、危機対応のディファクトスタンダードと見なされるようになった。

6　一元的な危機対応システム

ＩＣＳにもとづく危機対応システムを整備することで、どのような原因で発生する危機に対しても対応が可能であることを証明したのが２００１年9月11日に発生した米国同時テロに対する危機対応である。建国以来、敵によって自国内を攻撃された経験を持たない米国にとって、米国同時テロは全く予想外の災害である。危機の原因に着目すれば、これはテロであり、災害や事故とは全く違う事態であるという考え方も成り立つ。しかし、危機によって引き起こされた現象に着目した場合、言い換えれば社会が危機対応を迫られる現象という観点からは、人々の命が奪われ、さまざまな社会のフローシステムが機能停止をし、被災した人々と地域を再建するという課題が発生したという点では、原因はなんであれ、それは災害以外のなにものでもない訳である。

同時多発テロは全く予想されていない事態であったため、当然のことながら、その発生を予防する努力はされていなかった。しかし、全く予想外の事態であれ、危機が起きた場合には、起きたことに対して社会は迅速かつ的確に対応することを求められている。

ニューヨークで世界貿易センターに飛行機が突っ込んだことを実況報道していたCNNの記者は2機目の飛行機が突っ込んだことに6分間以上も気づいていなかった。世界貿易センターを背後にして話しかけるキャスターには飛行機が突入した光景がみえないため、何が起きたかを把握しないまま1機目の突入を飛行機事故かもしれないと報道していた。この事実は同時多発テロがいかに予想外の出来事であることを示している。

そうした全く予想を超えた事態であっても、地元自治体であるニューヨーク市やニューヨーク州、それに連邦政府危機管理庁（ＦＥＭＡ）も、基本的には上手な危機対応を行ったと評価されている。その背景として、米国の危機管理組織はどこも、インシデント・コマンド・システム（Incident Command System：略してＩＣＳ）にもとづく危機対応システムを採用している点があげられる。逆に言えば、どんな原因で発生する危機に対しても効果的に対応できる一元的な危機対応システムとしてＩＣＳの有効性を米国同時テロが証明したといえる。

図９-３　同時多発テロ（ロイター＝共同通信提供）

戦略計画によって危機の発生を回避を試みるリスクはたかだか10個程度に過ぎない。それらのリスクであっても、危機を回避できるのは事前に想定していた範囲内の場合に過ぎない。想定以上の強さになれば、危機の発生を回避することはむずかしい。さらに戦略計画の対象とならなかったリスクについては、危機の発生を前提とした危機対応の備えが必要となる。つまり、どのような原因であれ、発生した危機に対して効果的に対応できる危機対応システムを整えることは組織の危機管理にとって不可欠な要素である。リスクに応じて個別の危機対応システムを整備するよりも、どのようなリスクに対しても対応できる一元的な危機対応システムを整えるほうが、組織にとっての負担は少ない。そのため同時多発テロの事例は、一元的な危機対応システムとしてのＩＣＳの有効性を証明した事例となった。それを受けて、世界の各国はＩＣＳを根幹にしてより高度な危機対応システムの構築を進めている。その一例が二〇〇四年に米国が発表した新しい危機管理システムＮＩＭＳ（National Incident Management System）であり、そこでは連邦政府をはじめとして全米のすべての自治体で危機対応システムとしてＩＣＳの採用が義務づけられている。

第10講 ＩＣＳによる危機対応組織の運営

1　危機対応の事実上の世界標準となっているＩＣＳ

Incident Command System（ＩＣＳ）は、一九七〇年代の米国カリフォルニア州での森林火災の現場で繰り返された失敗への反省を契機として開発されたシステムである。そこには「あまりにも多くの人の報告が一人に集中している」「緊急時に対応する組織の構造がばらばらである」「信頼できる情報が得られない」「通信手段が互換性に欠けているため、交信できない」「関係機関間で計画を連携させるしかけがない」「各機関がもつ権限の境界がはっきりしていない」「組織ごとに使用している用語が違う」「災害対応における目標が不明確で、具体性に欠ける」といった問題が発生していた。この問題を解決するために連邦政府・州政府・基礎自治体・各種ＮＰＯなど、森林火災に関連する団体が横断的に集まり、効果的な危機対応を可能にする方策として考案したのがＩＣＳであり、危機対応を五つの機能の集合体としてとらえ、危機対応に加わるすべての組織が、この組織運営を採用することで相互の連携性を高めようというものである。その有効性が証明され、一九八〇年代には全米の森林火災の現場で採用されるようになり、九〇年代には他のハザードによる災害対応やオリンピックのようなイベントでの危機対応にも利用されるようになって、事実上の世界標準として受け入れられるまでになっている。[1]

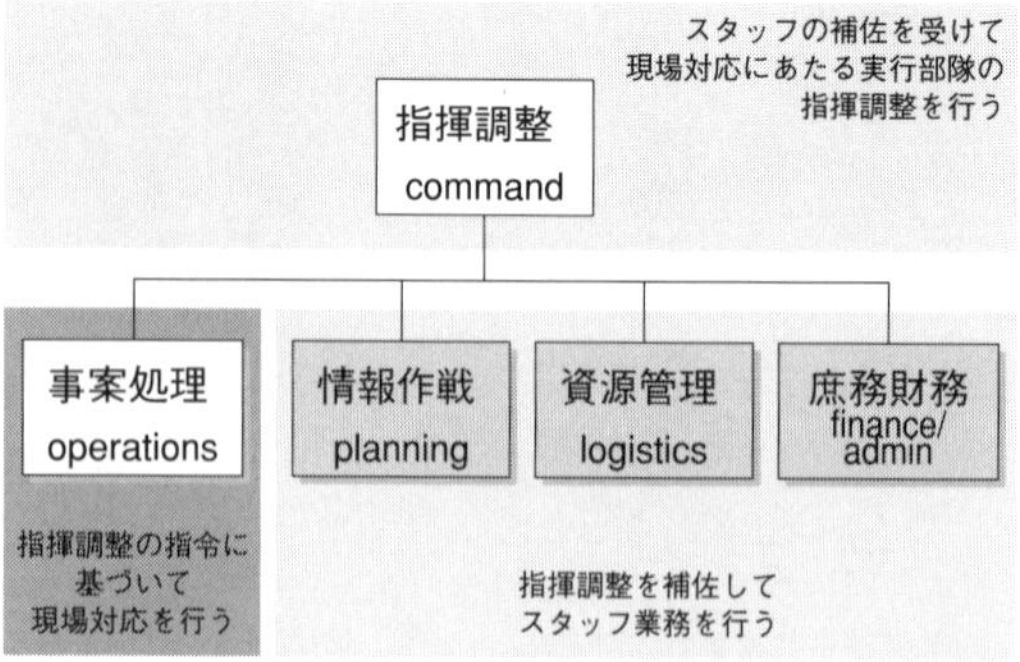

図10−1　危機対応に必要となる五つの機能による組織運営法

2　ICSの五つの機能

危機対応に必要となる五つの機能とは図10−1に示すように、指揮者が担うべき「指揮調整」機能、その指示を受けて実行部門が担当する「事案処理」機能に加えて、指揮者を支えるスタッフ部門が担う「情報作戦」「資源管理」「庶務財務」の三機能をさす。これら五つの機能は危機対応において必ず必要になると考えられている。

「機能」という言い方に違和感をもち、「役割」ではないかと疑念をもつ方もいるかもしれない。ここでいう機能とは、危機対応において実施すべき仕事の固まりをさす。一方、役割はだれがどの仕事を引き受けるのかをさす。つまり機能とは仕事を中心に人の割振りを考え、役割は人を中心に仕事の割振りを考えるという違いがある。危機対応をすべて一人で

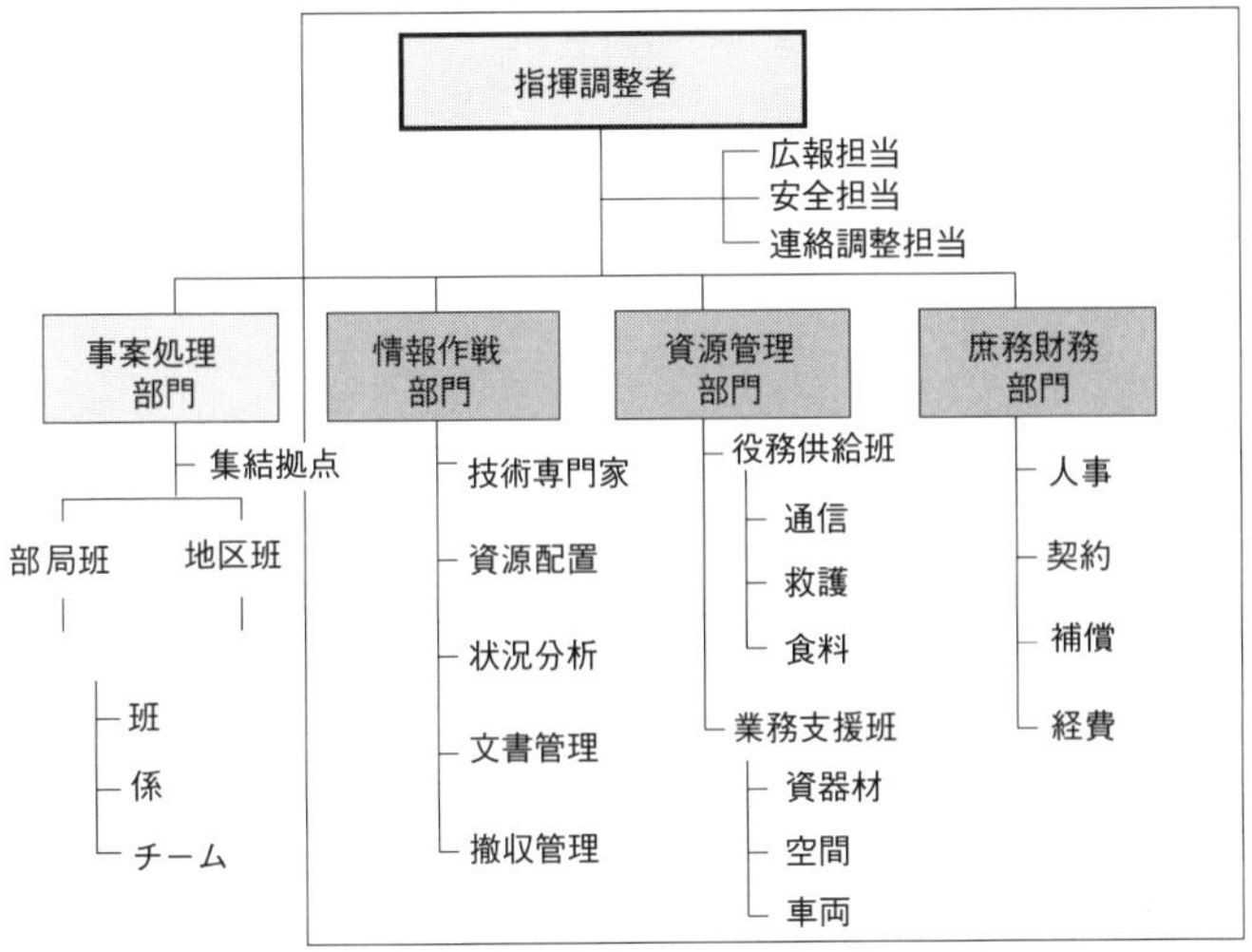

図10−2　もっとも業務を細分化させたICSに従う危機対応組織の一般型

実行する場合には、機能でみても役割でみてもそこに差異はみられない。

しかし、複数の人が対応に動員される場合に両者の考え方には大きな差が生じる。各人に役割を決めると、各人に割り振られる仕事の量にでこぼこが生じ、忙しい人と暇な人が生まれる可能性が大きい。それに対して、危機対応に必要となる仕事をこなすために人を割り振ると、必要となる仕事量に応じて動員すべき人数が決まる。仕事量が多ければ、複数の人が動員され、仕事が細分化される。逆に仕事量が少なければ、一人で複数の役割を兼任することになる。危機対応を役割ではなく機能としてとらえることは、いわば動員できる人数で最大の効果を生み出すための仕組みであるといえる。

ICSのもう一つの重要な特徴としてスタッフ業務の重視がある。これは大規模な危機対応に関する図10‐2に示す組織編成をみると明らかになる。図10‐2はＩＣＳに基づく危機対応がもっとも細分化された場合の組織編成図である。図10‐1と図10‐2を比較すると、危機の規模によって変化するのは、情報作戦・資源管理・庶務財務の各スタッフ業務と指揮調整機能の業務である。危機の規模によって、スタッフ機能と指揮調整機能の仕事量は増加し、多くの人員が必要となり、仕事が細分化されるのがわかる。

図10‐2の見方として、ここに示された仕事はどのような規模の危機においても対応の際に必要となる仕事である。危機の規模によって動員できる人員が変わるので、それらの仕事の担当の仕方が変わることになる。また、これらの仕事はどのような原因で発生する危機に対しても対応できなければならないが、この仕組みは危機の種類や規模を問わず適応できる。このことがＩＣＳが一元的な危機対応システムとよばれるゆえんである。

3　危機対応ドクトリンとしてのＩＣＳ

危機対応におけるＩＣＳの本質については理解できたと思う。次に、考えるべきことは、わが国にＩＣＳは導入可能なのかという問いである。この問いに答える際に役立つ概念として「戦闘ドクトリン」がある。戦闘ドクトリンとは、軍事組織の編成や運用の基礎をなす戦い方である。どの国の軍事組織もそれぞれの戦闘ドクトリンをもつといわれる。それに基づいて、部隊編成や装備を充実させ、これにそうように兵を訓練する。この練度の高い部隊を有能な指揮者が指揮すれば、勝利に至ると考えられている。

危機対応も多くの人々を動員し、組織だって対応するという点では先に述べた軍事組織の編成や運用の知恵を適用できるはずである。そこで、本講では、ICSを「危機対応ドクトリン」として見なすこととした。つまり。ICSをそのまま日本社会の中に持ち込もうというのではなく、ICSの考え方を基礎として、部隊編成や装備にあたるものとして、わが国の危機対応組織の編成、情報処理のあり方、対応業務の仕組みを分析する。兵の訓練にあたるものとして、危機対応にあたる人材育成の方法を考える。

4　ICSを危機対応ドクトリンとした場合の日本の危機対応の特徴

ICSを基礎にして、わが国の危機対応の特徴を分析するために、危機対応の実務に携わる行政職員や公益事業体の職員にヒアリングを重ねた。ヒアリングでは紀伊半島沖・東海道沖地震（二〇〇三年九月五日）、鳥インフルエンザ（二〇〇四年）、新潟・福島豪雨災害（二〇〇四年七月一三日）、台風二三号災害（二〇〇四年）、新潟県中越地震（二〇〇四年）、JR福知山線脱線事故（二〇〇五年）など、さまざま種類の危機を対象とした。その結果、次のような二つのことが明らかになった[2]。

第一の結論は、意外かもしれないが、小さな規模の危機事案では、ICSの概念は用いられていないものの、わが国の危機対応活動は基本的にICSの原則にそって実行されている。ICSには、効果的な危機対応を進めるために、次のような一〇の特徴がある。すなわち、①危機対応を五つの機能でとらえる、②危機の規模に応じて組織編制を柔軟に変更する、③関係者間で統一された概念・呼称を使用する、④空間の利用方法の標準化をはかっている、⑤関係機関で合同指揮本部を設置し対応にあたる、という危機対応組織の編成に関するものがある。⑥一元的な指揮命令系統を採用する、⑦直接指揮人数を制限する、⑧八～一二時間の責任担当期間を設け、担当者の交代を前提とした対応を行う、⑨責任担当時間での行った業務日誌を作成し、その引継ぎを義務化する、⑩責任担当機関は最初の段階で、当面の活動計画を策定し、それに基づいて活動する、という組織運営に関するものがある。小規模な危機事案ではわが国でもこれらのほとんどの点が実行されていた。小規模な事案は発生確率も高いため、どの組織にも専門の危機対応部局が設けられており、そこの活動レベルは非常に高いものがある。

第二の結論は、大規模な危機が発生した場合に、そうした小規模事案のノウハウが生かされておらず、大規模事案における組織編成や組織運営の枠組みが欠落している。大規模事案では、危機対応部局だけで対応することは不可能であり、組織の内外から多くの人数の動員が必要となる。そのため、初対面の人同士が慣れない場所で慣れない仕事に従事する事態が発生する。こうした状況において、人々にどのように行動するべきかを教える仕組みが欠如している。そのために、人々が自分勝手に思いつきで行動するために、混乱が生じている。それを取り除くためには、危機対応の標準化が必要だとは認識していても、それを実現する方法を知らないということが明らかになった。

5　日本社会に適した危機管理基盤のあり方——三つの提言

全組織的な危機対応体制

ＩＣＳに対する疑念の中に、危機対応の機能は小規模事案への対応を想定しているもので、全組織

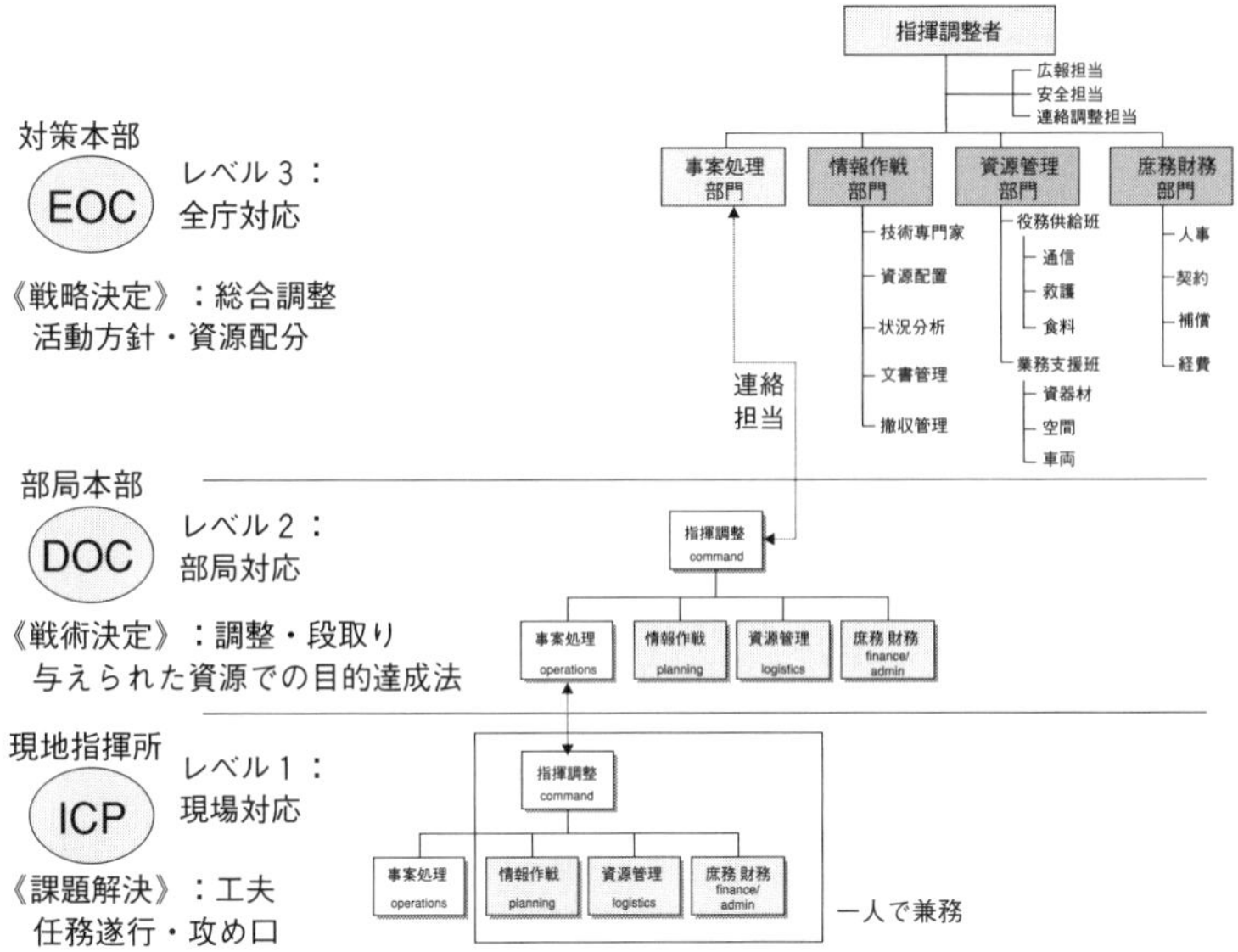

図10−3　危機の規模に応じた対応組織の編成

をあげて対応するべき大規模事案では、どのように危機対応組織を機能させるのかが説明されていないというものがある。わが国の危機対応の実務家は、平時の組織を大規模な危機が発生した場合にどのように読み替えればいいのかということに強い関心があるので、その疑問に答えることが、わが国にICSを定着させる上で重要なポイントであることが明らかになった。

まず、危機対応においてはどのような規模の危機であれ、指揮調整機能とそれを支える参謀機能が高い能力をもつことが大切である。そのため、危機の規模や種類に応じて、どの部局が指揮調整機能と参謀機能を担うかを決めることが重要になる。基本的には図10−3に示すように、危機の規模に応じて、全庁レベル、

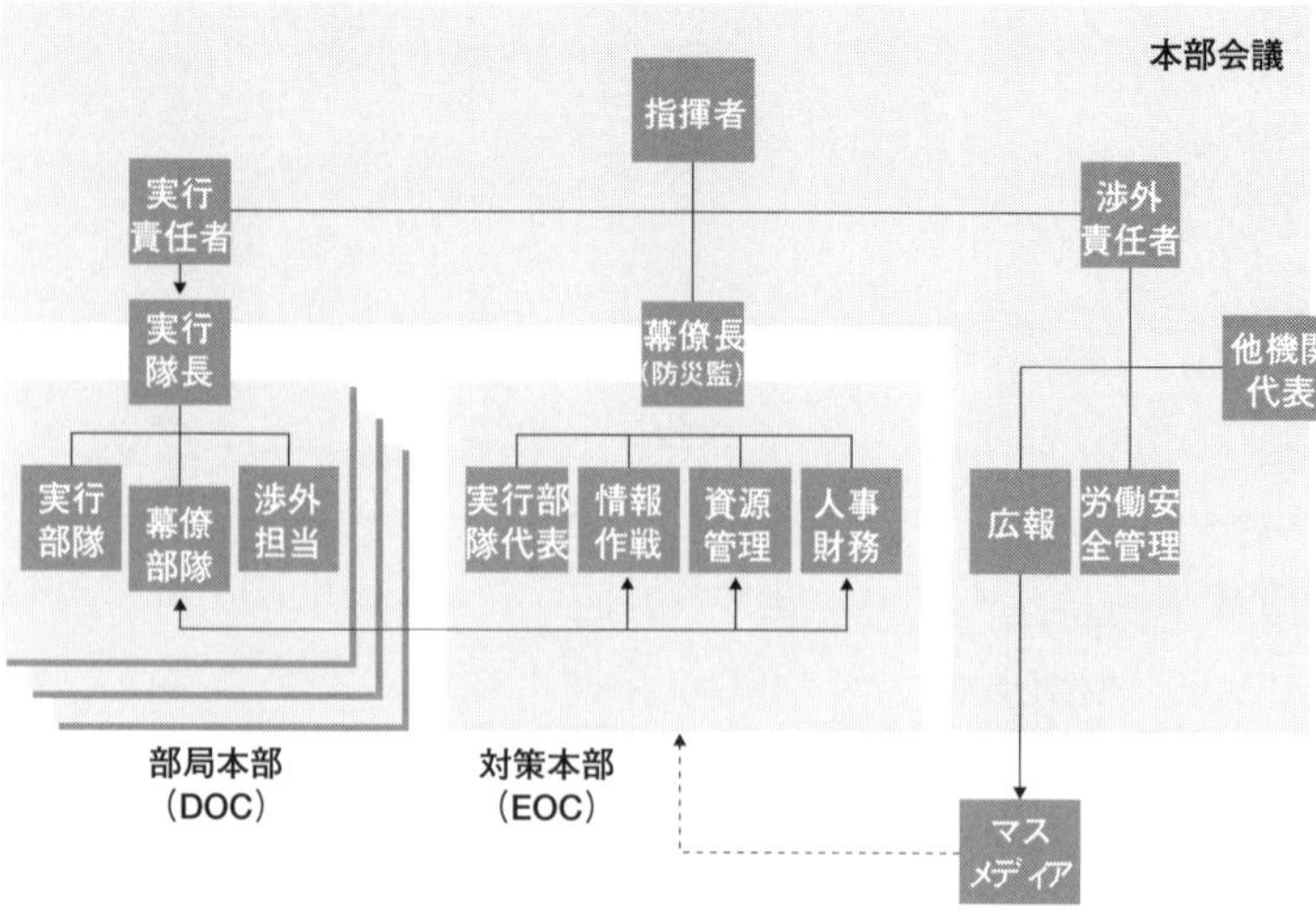

図10－4　大規模な危機でも対応可能な日本的な危機対応体制

部局レベル、現地レベルの三レベルでＩＣＳ的な組織編成が可能になる。危機対応の基本はあくまでも現場レベルであり、現場だけでは資源が足りなくなるので部局レベルでの応援態勢がとられる。さらに単一の部局だけでは処理できない規模の危機になると、全組織で資源動員をして応援することが必要となる。

逆にいえば、現場レベルはどのような規模の危機であれ、それが終息するまで対応することが必要となる。部局レベルでは現場の資源だけで問題解決がつくまでの介入が求められる。

こうした考え方をもとにして、組織全体としての危機対応体制をとる場合と、個別部局で危機対応する場合との相互関係を図示したものが図10-4である。実際にこの仕組みは滋賀県や新潟県で知事を本部長とする全組織をあげた危機対応の組織編成として採用された。そこでは各部局レベルは指揮者と実行部隊と参謀部隊

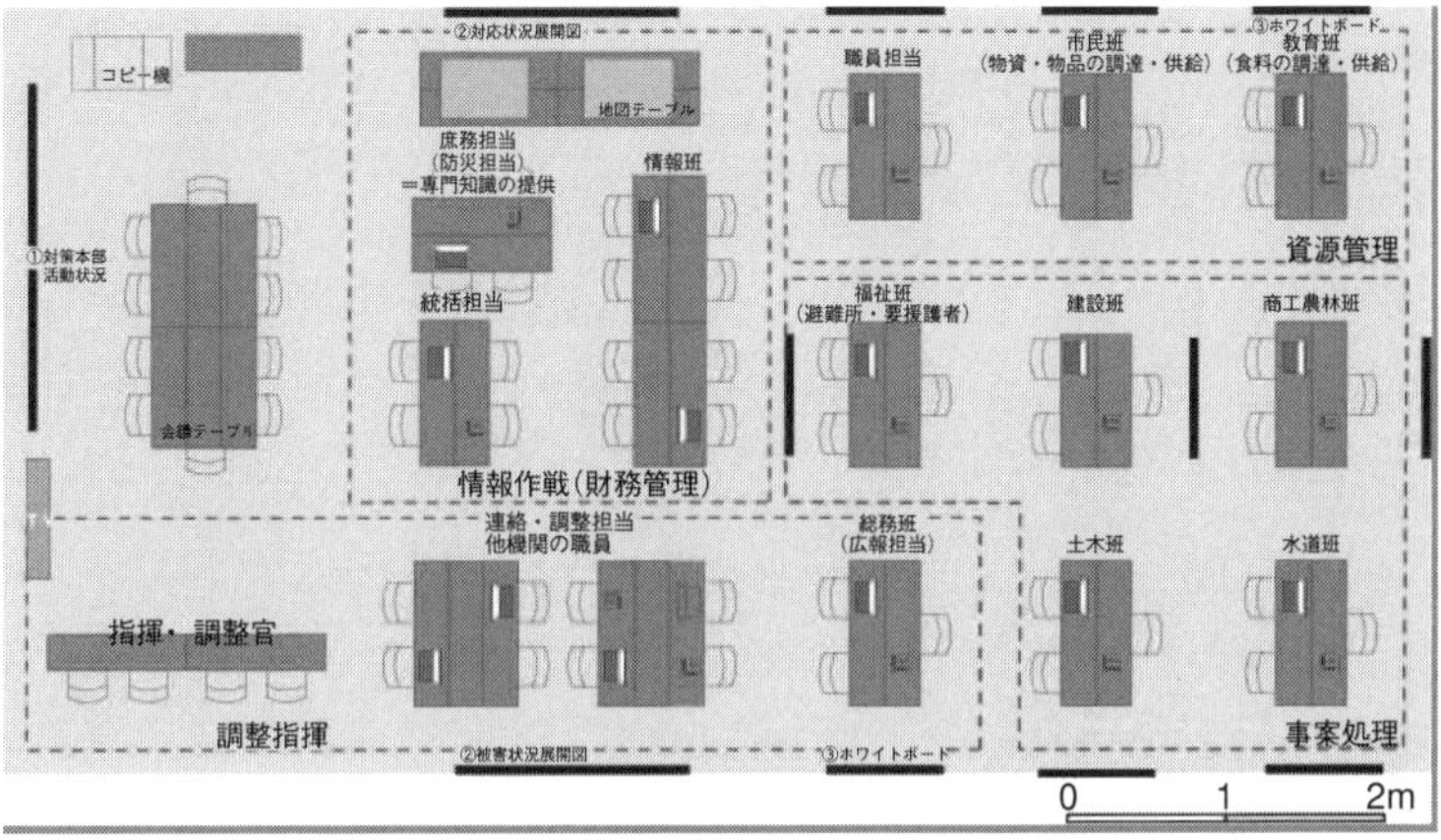

図 10－5　ICS に従った対策本部の空間配置

（ここでは幕僚部隊と表現）で構成されている。全組織レベルでは、各部局の指揮者は実行責任者（生え抜きの副知事）の指揮下に入る。各部局からの連絡員が対策本部の実行部隊に関する情報のとりまとめを行う。それ以外に情報作戦、資源管理、人事財務の各参謀機能が加わり、幕僚長（防災監あるいは危機管理監）の指揮のもとに対策本部が設けられる。そこが状況認識の統一と当面の活動計画の原案をつくる。最高意思決定機関として、指揮者（知事）および幹部職員で構成される本部会議を設けてあり、防災監が司会をする。そこでの決定事項は渉外責任者（国から派遣の副知事）を通して公表される。この体制は現在の滋賀県や新潟県で運用する危機対応体制の基礎となっている。

災害対策本部の標準的な空間レイアウト

「空間は人間行動を変える」という。この命題の妥当性はある大学で三日間集中のＩＣＳトレーニングを行い証明された。三日目には情報処理の総合演習を行った。仕事を割り振られた二〇名ほどの学生たちは全員で円卓会議を自発的に始めた。会議の雰囲気は非常に重苦しかった。二〇分ほど経過したところで、ICSの機能ごとにテーブルを割り振った。それを契機として、グループの活動は見事に活性化した。こうした事例をもとに、実際の危機対応にあたって災害対策本部の空間配置を調査すると、効果的な危機対応を行うために空間処理の方法に一定のルールが存在していることが明らかになった。こうした例をもとに対策本部の標準的な空間配置を示したのが図10–5である。詳細は次の第11講で説明する。

効果的な情報処理

危機対応においては、効果的な情報処理ができるかどうかが対応の質をきめる重要な要素である。大規模な危機においては危機発生から終息までに長い時間を必要として、さまざまな機関が対応に関与するため、担当者が入れ替りながらも各業務が連携をもって継続できるのかが問われることになる。それを可能にする情報処理と計画立案の過程を示したモデルを図10–6に示す。

参謀機能の一つである「情報作戦」部門が情報処理の中心的な存在である。その任務はその時点でどのような状況になっているかについての全体像を責任担当期間ごとに明らかにし、それに基づき当面の活動案を作成し、一つの文書にまとめることである。前者を「状況認識の統一」、後者を「当面の対応計画立案」とよぶ。状況認識の統一をはかるためには二種類の情報を集約する必要がある。すなわち、「組織を取り巻く外的状況」と「組織内各部局の被害・対応状況」を把握する必要がある。「組織を取り巻く外的状況」を把握するのは状況分析班の仕事であり、災害情報システム、関係機関

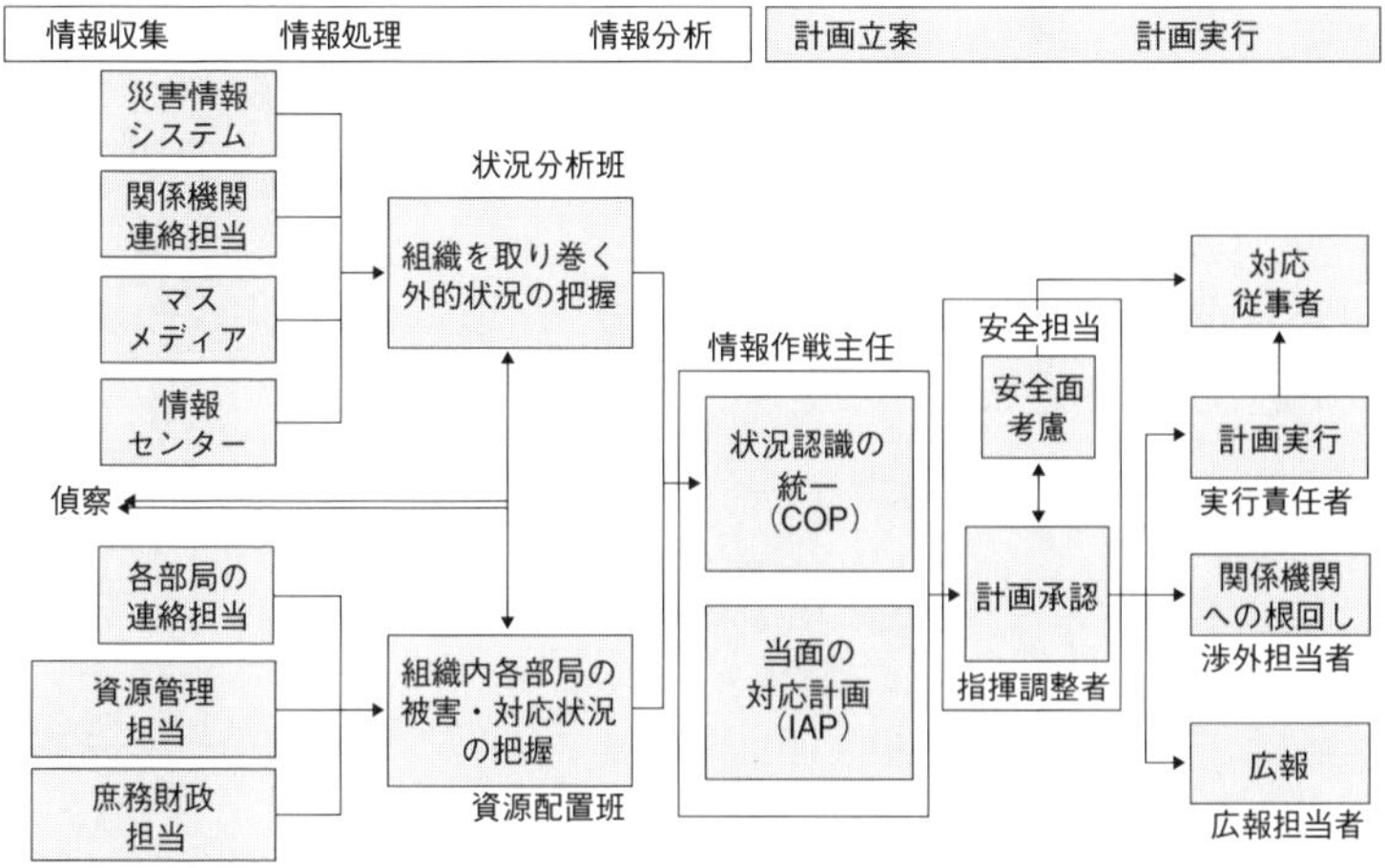

図 10－6　効果的な危機対応のための情報処理と活動計画立案過程

から派遣された連絡担当、マスメディア、被災者と直接対応する情報センターからの収集された情報をもとに、組織を取り巻く外的な状況を集約する。「組織内各部局の被害・対応状況」を把握するのは資源配置班の仕事であり、各部局本部から対策本部に派遣される連絡担当、対策本部の資源管理担当や庶務財務担当から収集された情報をもとに、組織内の各部局が把握する被害と対応状況をまとめる。情報が不足する場合には、偵察を出して積極的な情報収集を行うことになる。

　状況認識の統一と当面の対応計画案が一つの文書にまとまると、指揮調整者に提出される。安全担当の補佐が計画を安全面から検討し、問題がないとなると、指揮調整者が計画を承認し、正式に対応計画となる。それを受け手実行責任者が対応従事者にそれぞれがはたすべき任務を説明する。また。渉外担当者が関連機関への計画を通知し、広報担当者はマスメディア等を利用して対応計画を周知させる。

第11講 ICS導入のためのツール

1 ICSの具現化

ICS（Incident Command System）自体はシステム・仕組みであり、目でみることはできないが、その考え方を具現化したものとして、危機対応時の状況共有のためのコンピュータシステムや危機発生時に対応業務を行う危機対応センター（Emergency Operation Center：EOC）がある。世界に先んじてICSの考え方に基づく危機対応システムを導入したカリフォルニア州ではICSの考え方に基づく危機対応情報システム（Response Information Management System：RIMS）が構築されており（図11-1）、州の標準的な危機対応情報システムとして利用されている。このシステムは、①被害情報共有のためのSEMS Reportと、②対応状況共有のためのMRT（Mission Request Tracking）から構成され、危機対応時、「状況認識の統一」（Common Operational Picture：COP）により正しい意思決定を行うことを支援する情報共有システムとして利用されている。EOCについても、IC

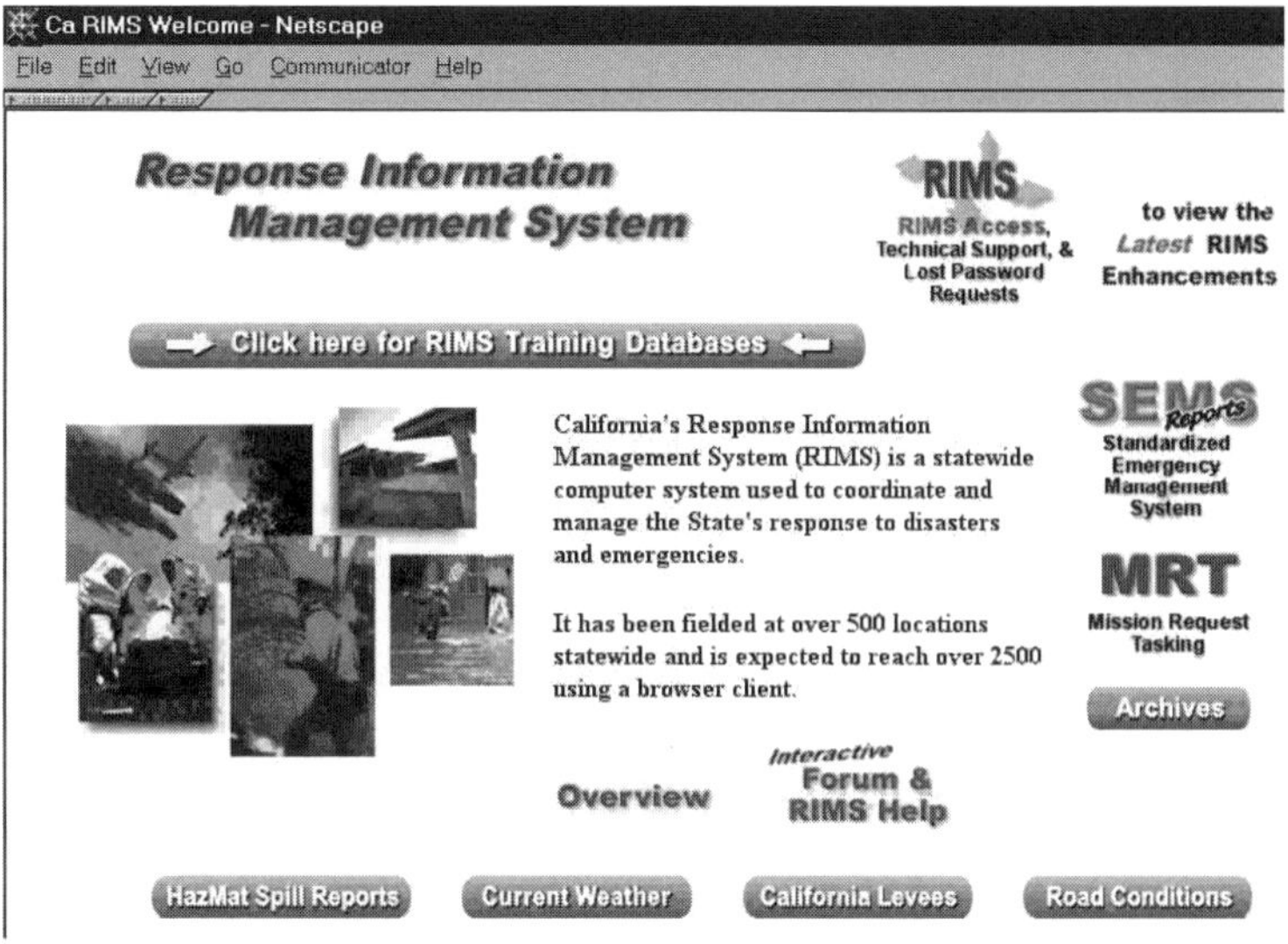

図11−1　カリフォルニア州の危機対応情報システム

Sが定める危機対応の五つの機能（第10講参照）に関する情報が、共有可能なように設計された標準的な空間構成をもつEOCが州、郡、市のレベルで実現されている。図11−2はカリフォルニア州アラメダ郡の危機対応センターである。

「危機対応」とは新しい現実を効率的に把握し、関係機関間で情報を共有し、統一された状況認識に基づき適切な意思決定を行うことであり、そういった活動を効率的に実施することを支援するツールとして、ICSの考え方に基づいて設計された危機対応支援のための情報システムや災害対応センター（EOC）が存在する。以下、ICSを具現化したこういった支援ツール構築の考え方や事例について紹介する。

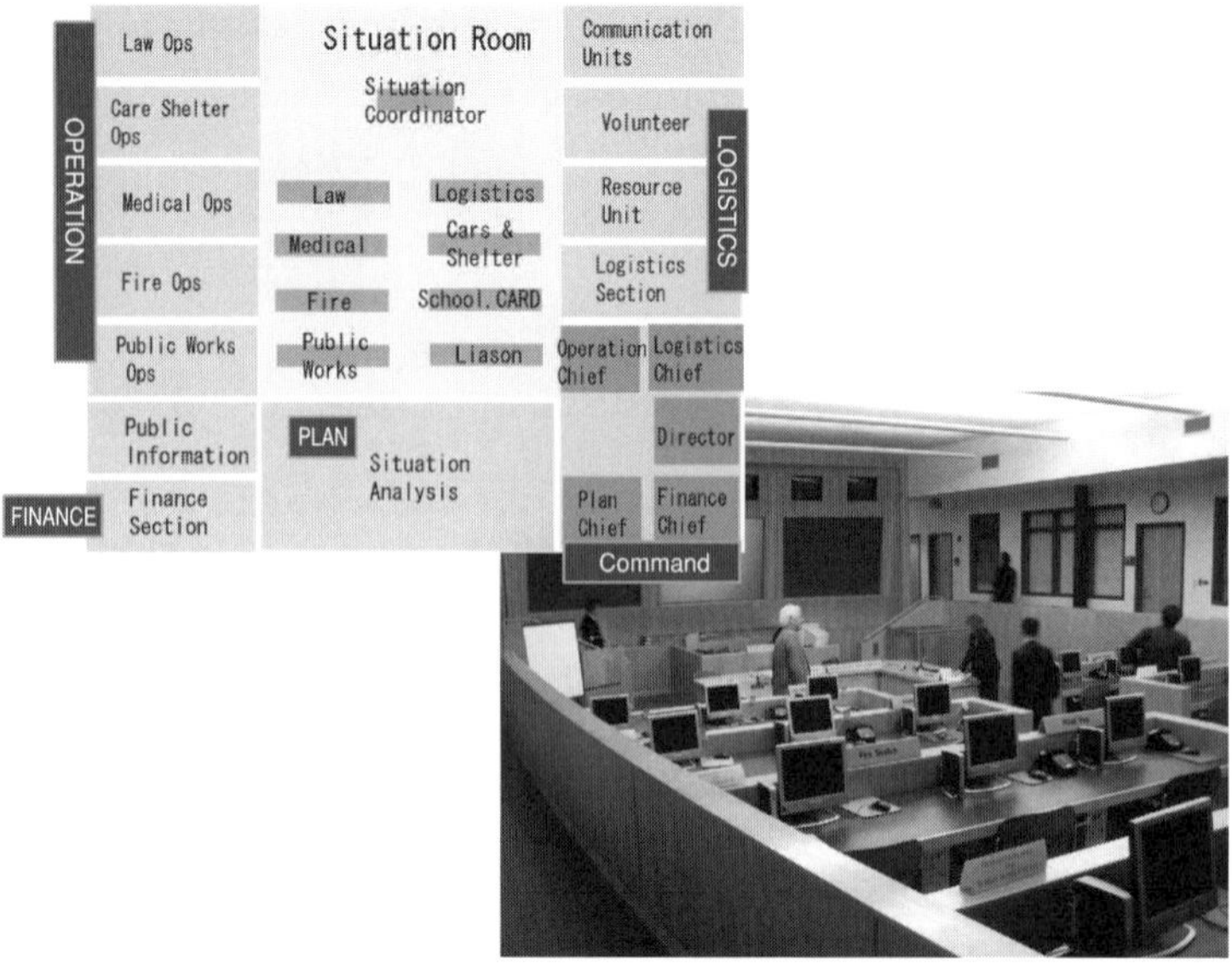

図 11－2　カリフォルニア州アラメダ郡危機対応センター

2　危機対応のための情報システム

危機対応に必要な情報として①組織を取り巻く外的状況、②組織内各部局の被害・対応状況という二つの種類の情報が存在する。日本の危機対応のための情報システムは、阪神・淡路大震災の際、発災直後に「組織を取り巻く外的状況」、とくに被害状況が把握できなかったという反省に基づき構築が行われている。内閣府が運用する地震防災情報システム（DIS／地震被害早期評価システム（EES）と応急対策支援システム（EMS）から構成）、兵庫県のフェニックス防災システムといった災害情報システムがその代表例として挙げられるが、いずれも被害状況把握を重点とするシステムとなっている。また、近年インターネットを通じた市民に対する情報提供シス

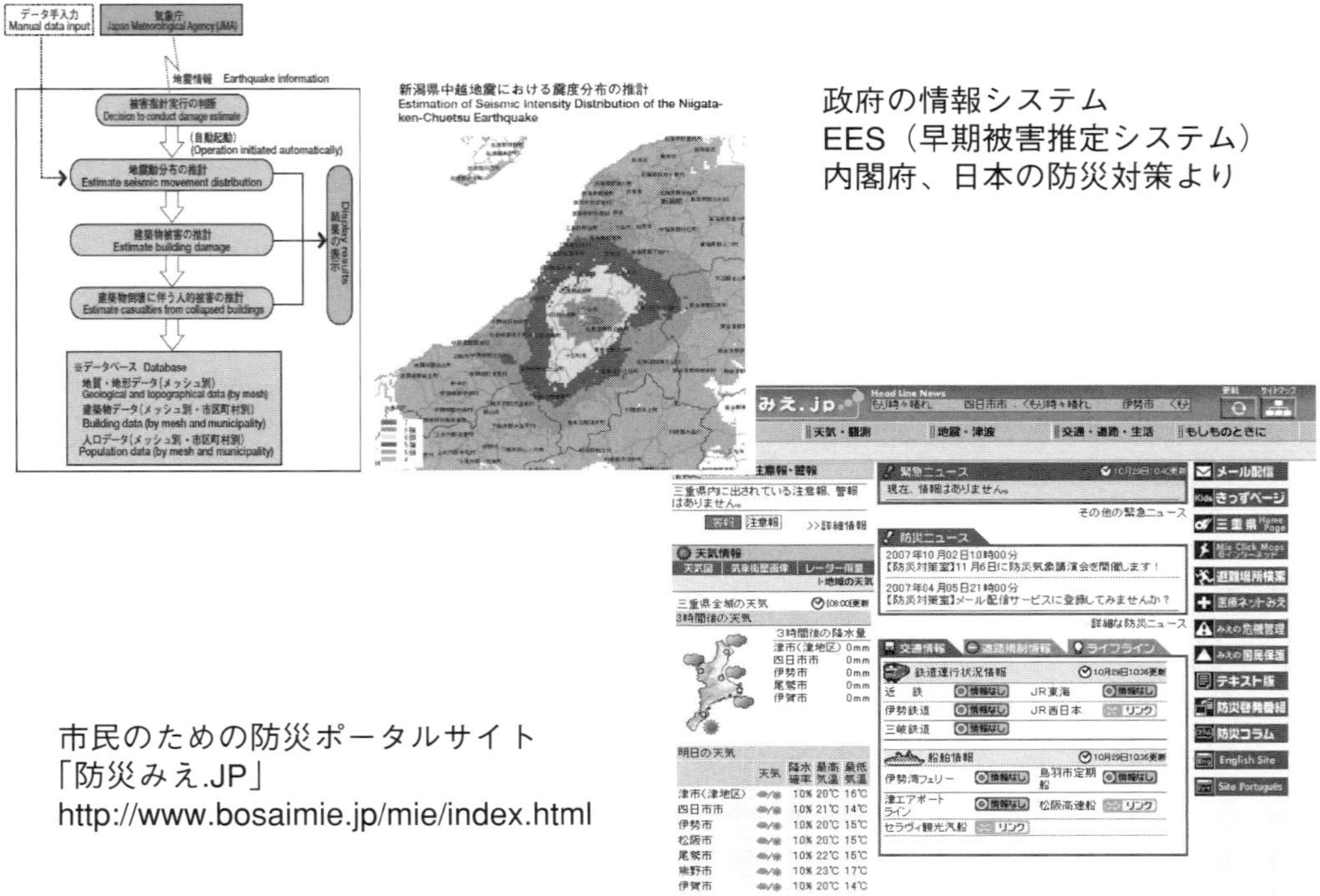

図 11－3　日本の危機対応のための情報システム

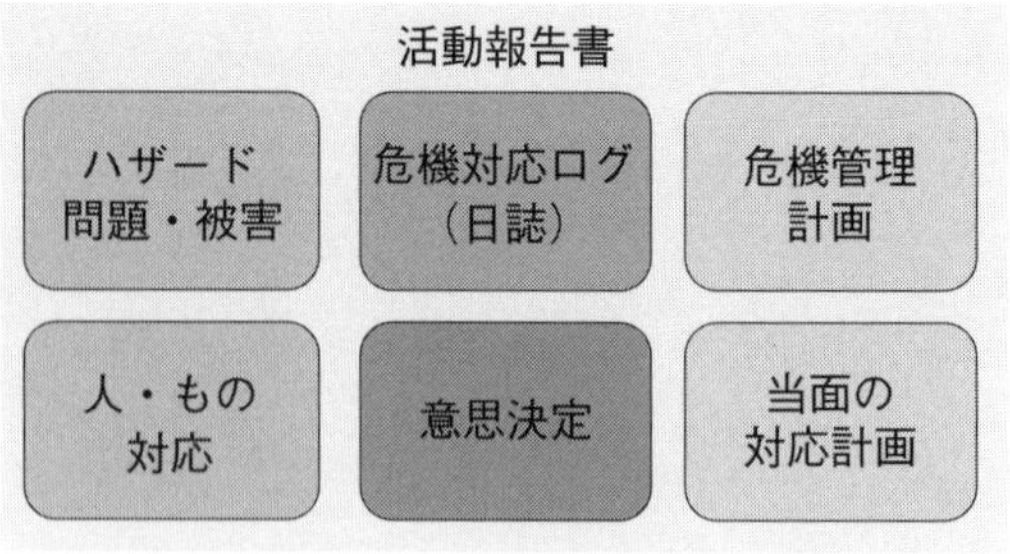

危機対応の要を集約し、総覧できるようにすることで
効率的かつ一元的危機対応ができる

図11−4　災害対応シミュレーター

テムの構築も進められ、三重県等の自治体では防災情報ポータルサイトの整備が行われ、自然災害に加え、防犯・事故といった人為災害を含むマルチハザードの情報提供が行われている（図11−3）。

しかしながら、日本の危機対応支援のための情報システム整備の出発点は被害情報の収集ということにあり、ＩＣＳが規定する危機対応の五つの機能という観点からみると、情報作戦部門における被害情報収集、医療・備蓄物資の管理という緊急対応期の対応に特化したシステムとなっており、応急期・復旧期の業務、さらには事案処理に関する情報についての情報をとりまとめる仕組みとはなっていない。

我々のグループでは以上のような問題点が解消可能な危機対応支援システムとして、ＩＣＳの考え方に基づき、①ハザード・問題・被害、②危機対応ログ（日誌）、③危機管理計画、④人・もの・対応、⑤当面の対応計画に関する五種類の情報を共有し危機対応のための意思決定を行う「災害対応シミュレーター」の提案を行っている（図11−4）。

3 危機対応センター（EOC）

日本のEOCの現状

EOCとは効率的な危機対応を行うために「新しい現実を効率的に把握し、関係機関間で情報を共有し、状況認識の統一（common operational picture）に基づき適切な意思決定を行う場所」である。日本の自治体における危機対応の仕組みは、危機事案が発生すると首長を本部長とする「災害対策本部」を設置し、首長・三役・各部局のトップが構成員となる「災害対策本部会議」において危機対応に関する意思決定を行うことを基本として構成されている。災害対策本部会議の運営支援のために設置される「災害対策本部会議事務室」が実際の危機対応業務の中心でありEOCの中心的な機能を担うことになり、危機管理部局を中心として情報の収集・整理が行われる。

都道府県、政令市を中心として危機対応のための専用の建物（EOC）を設置する事例が増えてきている。図11-5は東京都、兵庫県のEOCである。現在のEOCの問題点として、実際の危機対応が行われる災害対策本部会議事務室ではなく、災害対策本部会議室を重視した空間構成となっていることが挙げられる。本部会議重視の空間設計は実際の危機対応時には上手く機能せず、兵庫県のEOCでは二〇〇四年に発生した台風二三号災害時の対応の反省[1]から空間レイアウトが見直され、災害対策本部事務室の拡張が行われた。

日本の各自治体のEOCについては、上記のような問題に加え、①マルチハザード対応、②災害対応状況情報収集、③危機対応に必要な諸機能（マスコミ、外部機関）、④情報システムの維持費等々、

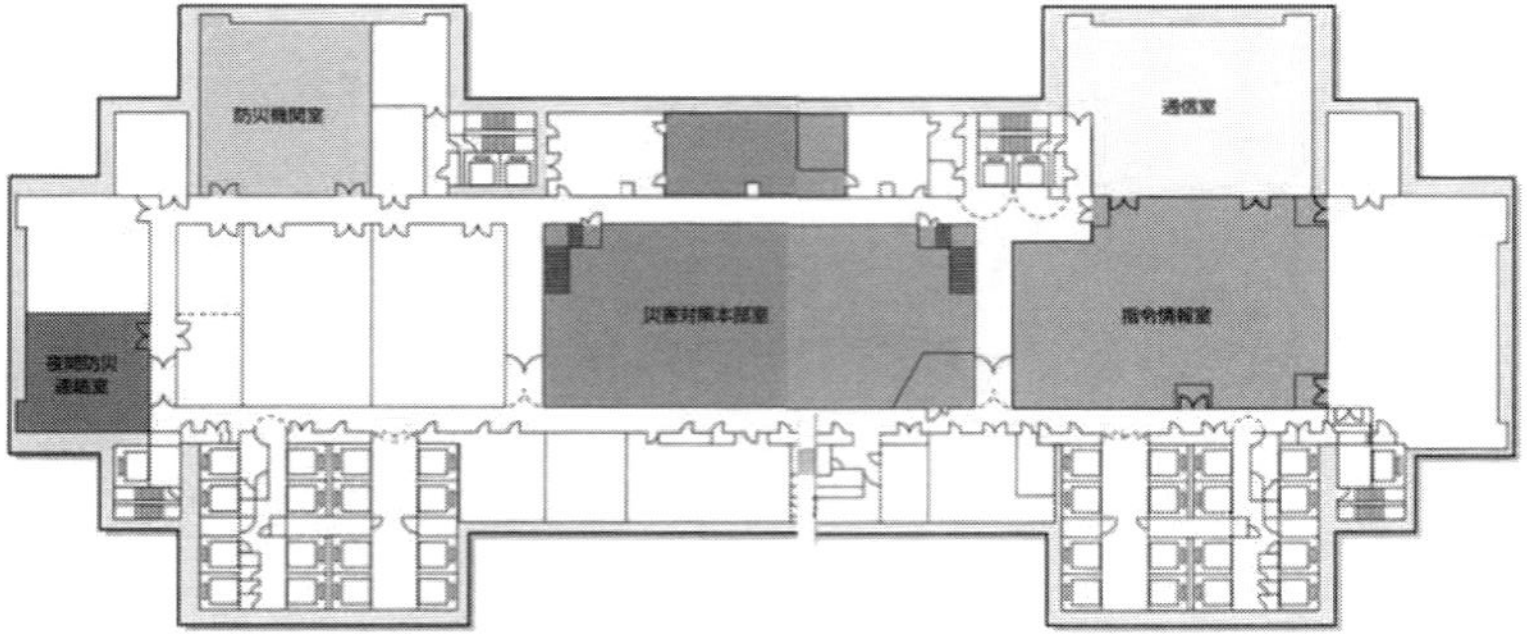

東京都

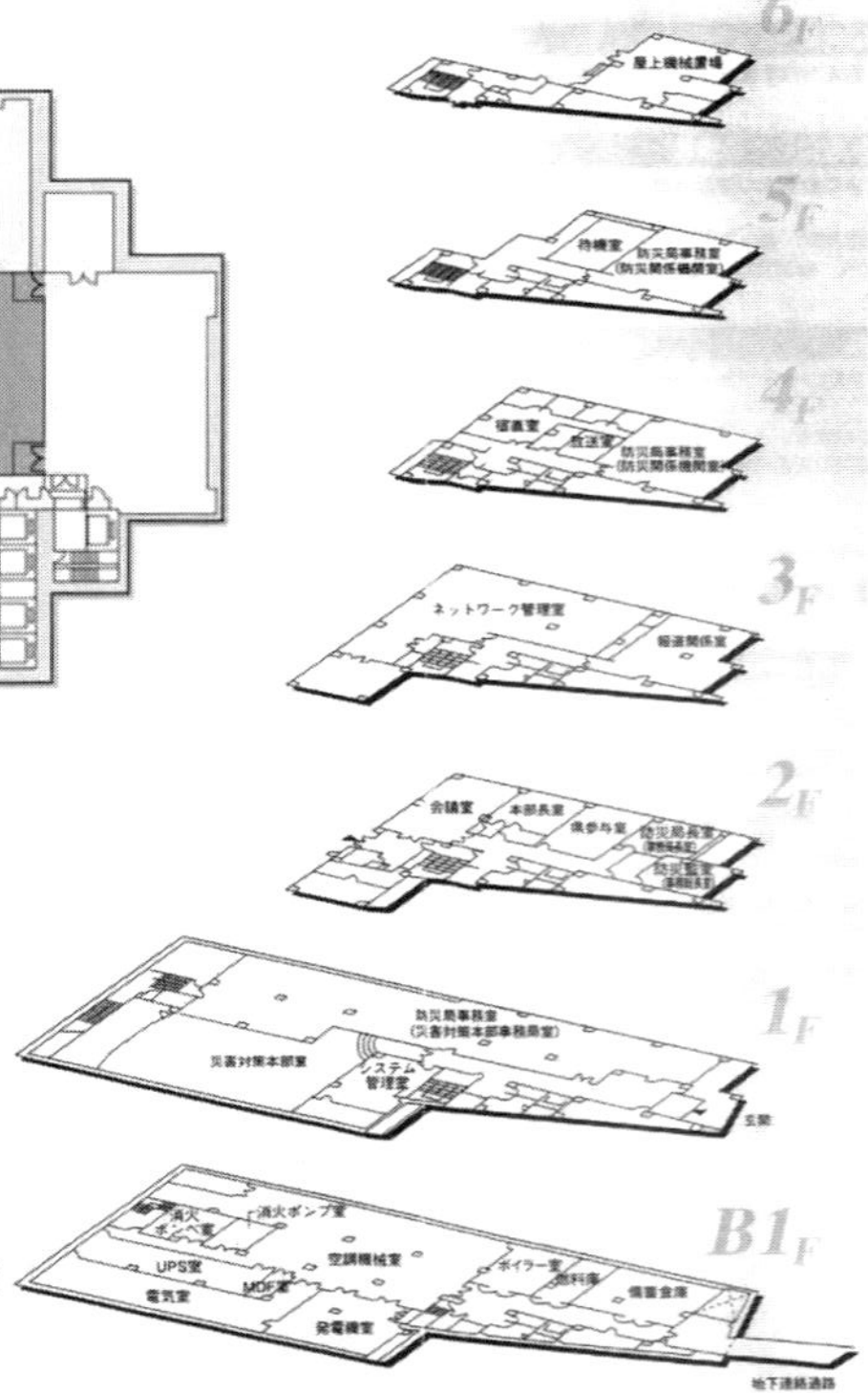

兵庫県、現在、事務室を増床

図 11－5　日本における危機対応センター（EOC）の事例

さまざまな解決すべき課題が残されている。[2]

危機対応時の空間構成

実際に危機対応が行われた空間をみるとEOCが状況認識の共有の場であり、実際の危機対応においてはICSが規定するさまざまな機能が必要となっていたことがわかる。図11-6は二〇〇四年新潟県中越地震で大きな被害を受けた小千谷市のEOCである。小千谷市の事例においては、指揮調整（外部機関との調整を担当する「リエゾン」を含む）、作戦情報、事案処理・資源管理の機能がEOCの中に設置され、さらに壁面に情報共有のためにさまざまな情報が①「被害情報」、②「対応情報」として整理され掲示されていた。

図11-7は二〇〇四年七月一三日に発生した豪雨災害で大きな被害を受けた新潟県三条市のEOCである。二〇〇四年の対応時は「市民から情報収集」と「災害対策本部会議」を中心とした空間配置となっている。これは従来型の日本のEOCの形態であり、その問題点として効率的な危機対応を実施するために不可欠な情報である「各部局の対応状況」に関する情報が本部会議で幹部が報告するまで入手できない、すなわちリアルタイムに「対応状況」に関する情報収集ができないという点があった。そこで三条市では、この事案後にEOCの空間配置の大幅な見直しを行っている。見直し後のEOCの特徴として、指揮調整（リエゾン含む）、情報作戦に加え、事案処理、資源管理といった実際の危機対応にあたる部局のスペースを設け、危機対応にかかわる情報がEOCにおいてすべて共有可能な空間構成となっていることである。この事例からもわかるように、EOCの設計においては、部

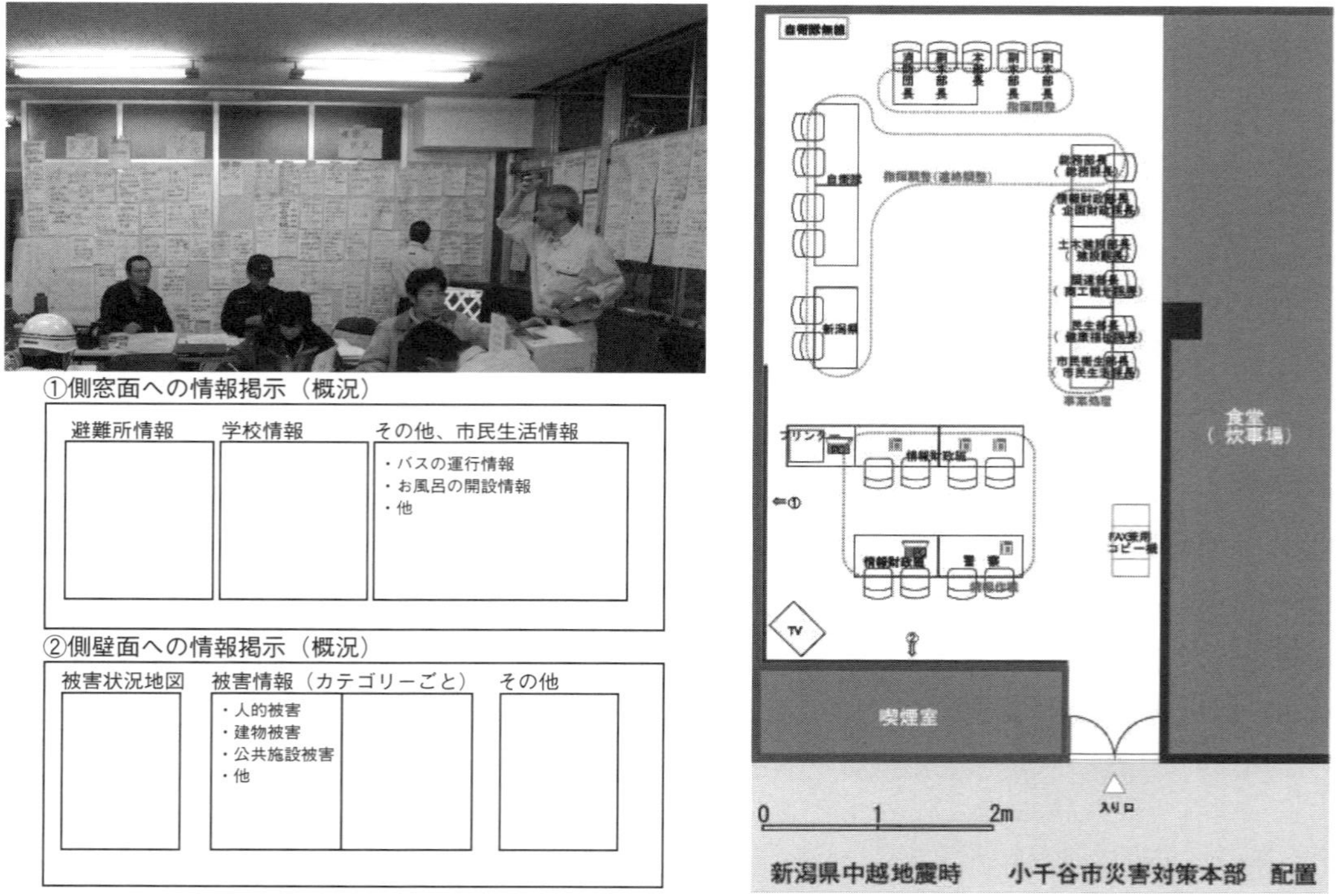

図 11－6　2004 年新潟県中越地震時の小千谷市の EOC

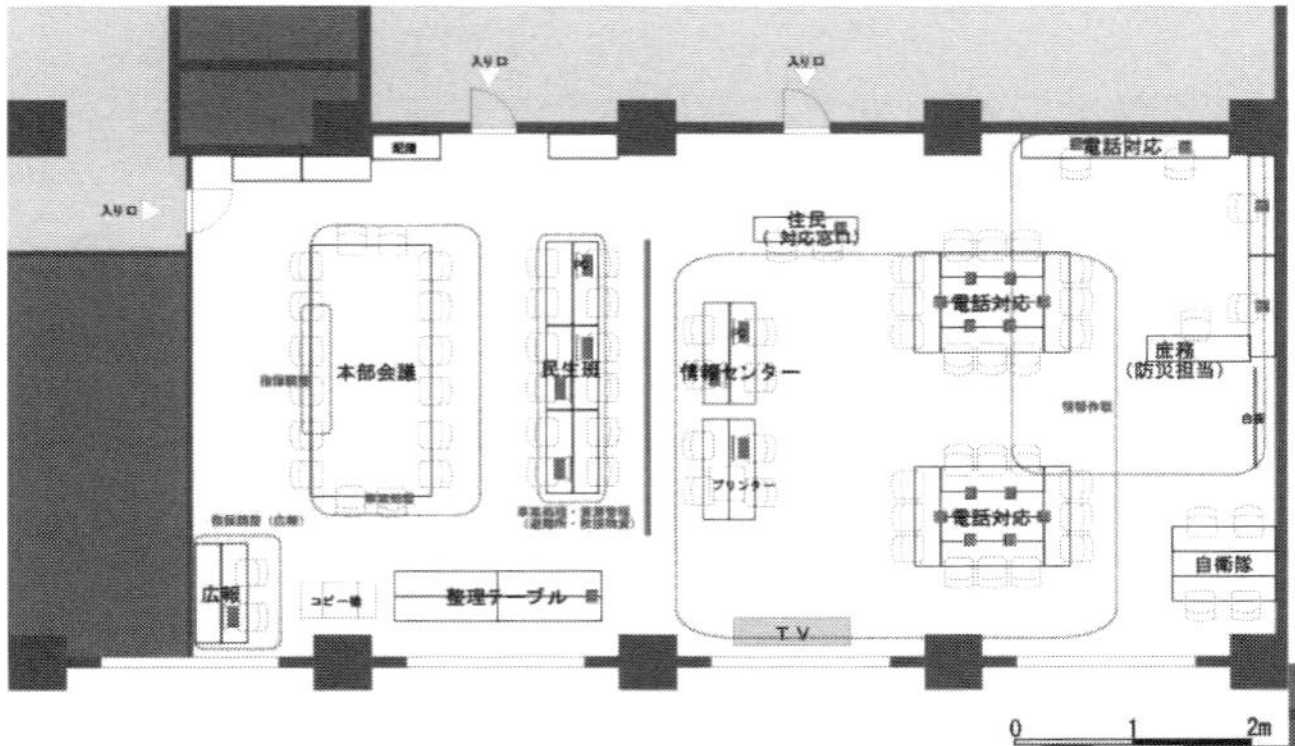

7. 13 水害時の三条市の災害対策本部のレイアウト

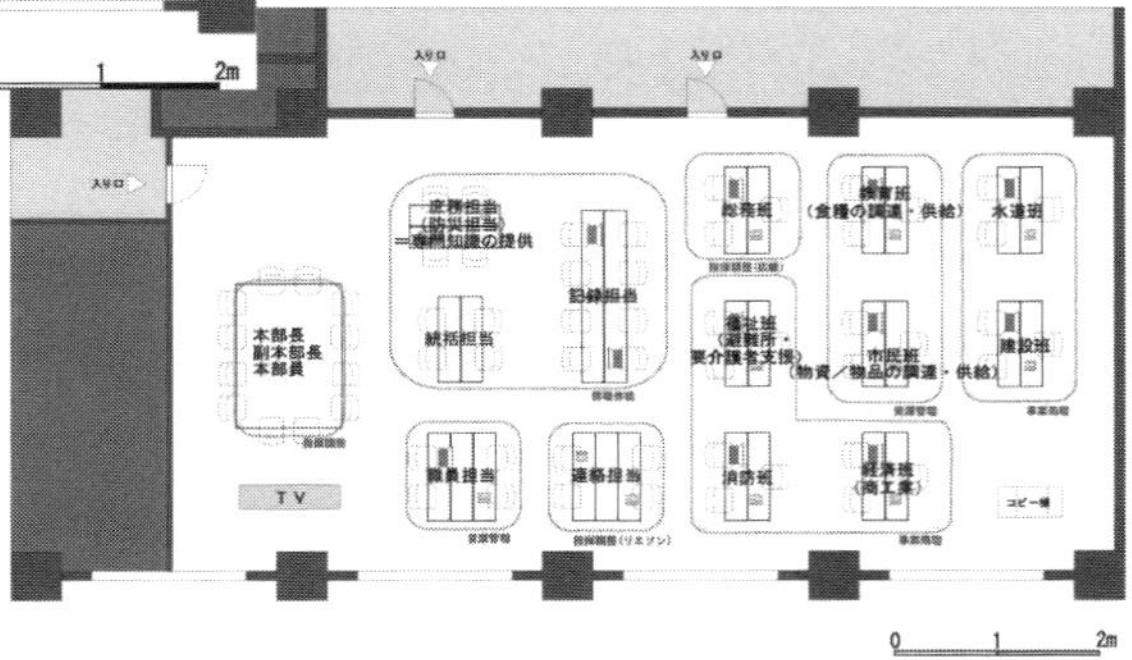

現在の三条市の災害対策本部のレイアウト（経験を踏まえて改良）

図 11－7　2004 年新潟県 7 月 13 日豪雨の三条市の EOC

局の対応状況も入手可能な空間配置とするのが重要であり、危機対応にかかわるすべての部局、さらには外部機関（自衛隊、消防、警察、国・県からの連絡担当）が同じ場所で対応を行い、互いに情報共有が可能となる空間配置にすることが重要である。

危機対応センターを考える際のポイント

日本のＥＯＣの空間配置には解決するべき数々の課題が存在し、現在多くの組織において見直しが行われている。ＥＯＣ見直しを行う際に考えるべきポイントは以下の四つである。

① 大部屋型：危機対応にかかわる組織内の各部局、他機関が同じ部屋で執務することにより、自動的に情報共有ができるような大部屋型の「本部会議事務室」とする。

② ＩＣＳの五つの機能：ＩＣＳが規定する災害対応の「五つの機能」を「まとまり」としてレイアウトする。

③ 最低限のＥＯＣ要員の数：組織全体での情報共有を行うＥＯＣ、各部局での対応を行う部局対策センター（Department Operation Center：ＤＯＣ）、現場指揮所（Incident Command Post：ＩＣＰ）という三階層の危機対応組織を想定する。ＥＯＣには部局対策センターから少なくとも三名（意思決定ができる部局の高職位者＋連絡要員二名程度）が連絡担当（リエゾン）要員として参加する。

④ 他機関との協働：危機事案に対処する関係機関の長が「協働」で事態に対処する「統合指揮（Unified Command）」ということも視野に入れる。

これまでの日本の危機対応は各部局単位で実施されており、部局の情報が組織全体で共有されなかったことが最大の問題点であった。その反省を踏まえ、危機対応にかかわる職員全員が同一空間で危機対応にあたる事例も存在するが、その一方で場所の制約から大空間を確保できないという組織もある。そういった場合でも各部局の上層部がＥＯＣに詰めることで情報の共有をはかることが重要である。統合指揮は、この考え方をさらに進めたもので、危機事案にかかわる各機関のトップが合同で指揮を行うという考え方である。現在の危機対応の仕組みの中ではすぐに統合指揮を導入するのは困難であると考えられるが、東海・東南海・南海地震、首都直下地震といった超巨大災害を想定した場合の危機対応のあり方として、今後検討していく必要のある課題である。ＥＯＣレベルで実現された事例は存在しないが、現場レベル（ＩＣＰ）では指揮所を隣接させることで、各機関の間で情報共有がうまく機能した事例としてＪＲ福知山線脱線事故時の対応がある（図11−8）。

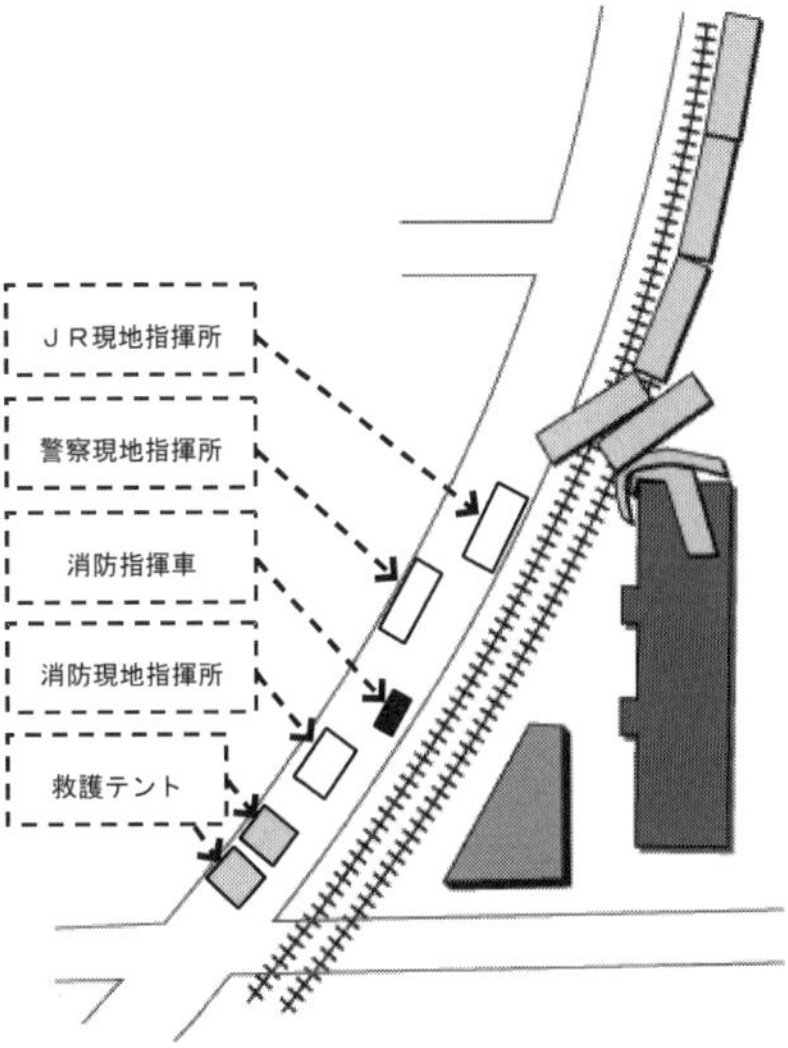

図 11−8　JR 福知山線脱線事故時の ICP

　ここまで説明してきたＩＣＳの考え方に基づくＥＯＣを概念化したものが図11−9である。「作戦情報」部門はあくまでも情報の総括を行う「参謀機能」を担う組織であり、対

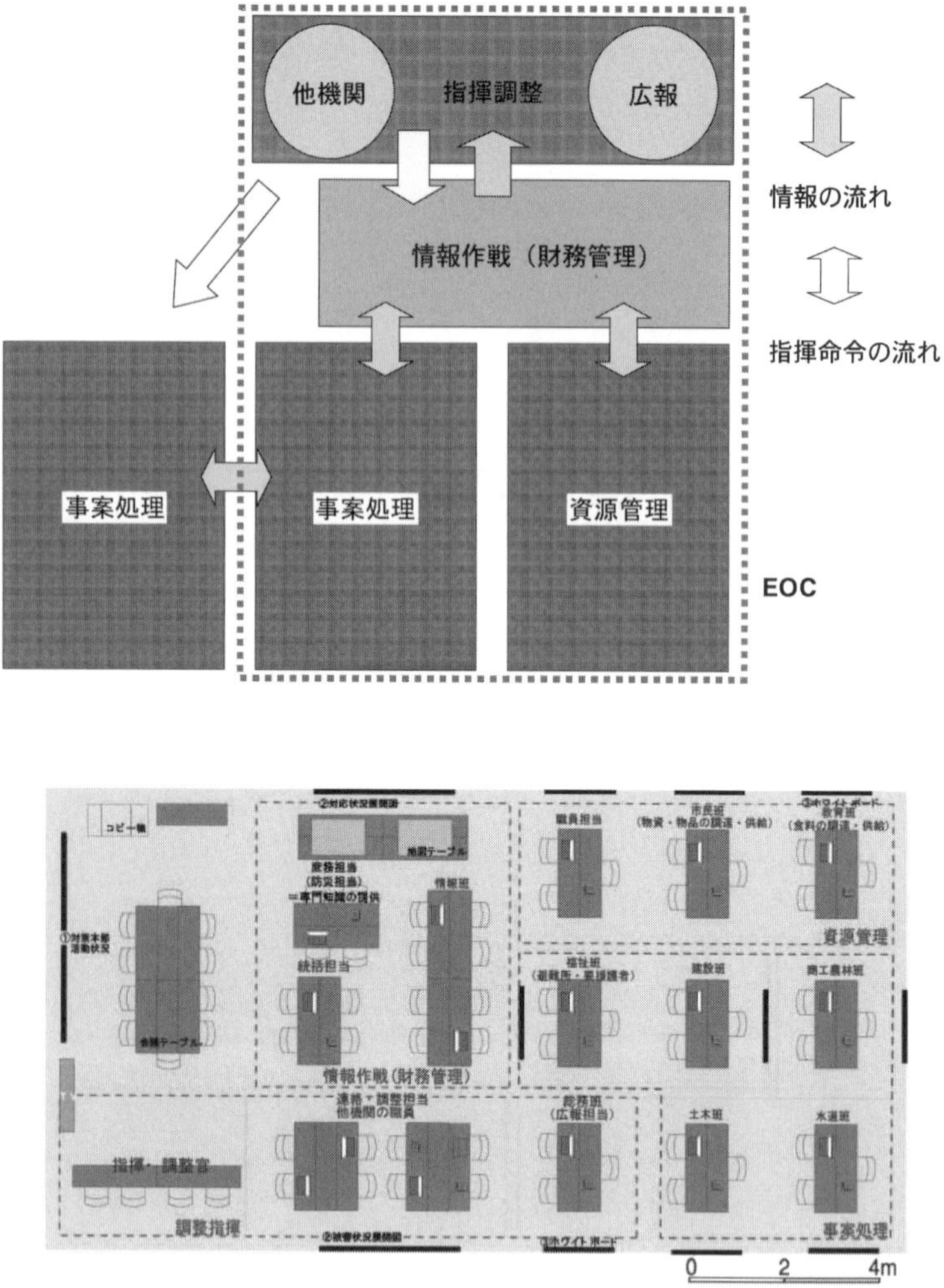

図 11－9　標準的な EOC の空間配置の考え方

応に関する意思決定、指示は「指揮調整」部門が担うことに留意する必要がある。組織ごとに現在の危機対応にかかわる組織構成は異なるため、どの組織においても適応可能なものではないが、人口一〇万程度の市町村においては会議室を転用してEOCを設置するのは可能であり、その場合の参考事例も同時に示した。EOCの機能としては「本部事務室」に加え、危機対応に必要な諸室として本部会議室、外部機関の執務室（国、応援自治体、自衛隊（陸・空）等、マスコミ）、緊急地図作成室、仮眠室、幹部会議室、災害対応要員食料備蓄があり、こういった諸室をどこに設置するのかについても同時に検討する必要がある。

EOCの空間配置は、現状の危機対応組織をICSが規定する危機対応に必要な五つの機能に従って整理し、機能ごとに図11-9に示すように参謀である「情報作戦」を「指揮調整」の近くにいて、「情報作戦」が「事案処理」「資源管理」の情報を収集・整理を行う、という考え方に基づき空間上に展開したものであり、実際には各組織における危機対応組織の考え方に基づき決定されるものである。しかしながら、組織体制の見直しには時間と労力を必要とするためなかなか困難であるという場合には、ICSの考え方に基づきEOCのレイアウトを行い実質的な対応を効率化するというように、EOCの空間設計をICS導入のためのツールとして利用するということも可能である。

第12講 教育訓練の基本的な考え方

1 危機担当者の三つの任務

危機担当者には三つの重要な任務があるといわれている。第一の任務は、いざ危機が発生したときに、対応の中心となって活躍することである。第二の任務は、実際の危機対応の教訓をまとめて、危機管理に関する既存の計画や体制を見直すことである。そして、第三の任務は、見直しを経て改善された計画や体制を研修・訓練を通して広く関係者に周知し、組織の危機管理能力を向上させることである。組織の危機管理能力の継続的な改善のためには、危機担当者が非常時の「実践」、平時の「見直し」と「研修・訓練」という三つの任務のバランスをとることが不可欠なのである。

残念ながら、危機担当者の関心は、どうしても次の「実践」に集中しがちである。将来起こる可能性のある危機に対して、自分はどう対応すればよいのかを考えている。しかし、「平時」において次の「非常時」を考えるとき、危機担当者の多くは、どこまで真剣に将来の危機について考慮するべきなのかに迷いがある。なぜならば、危機はまれにしか起こらない現象であり、一生懸命備えていても組織としては無駄な投資に終わるのではないかと考える人もいる。自分が担当している間に起こらなければいいと割り切る人もいる。いずれの考え方をとるにせよ、組織の危機管理能力の継続的な向上にはつながらない。その理由は、危機担当者が本来「平時」に考えるべき「見直し」や「研修・訓練」について何ら考慮されていないからである。本講では、危機担当者が本来平時に行うべき「見直し」と「研修・訓練」とはどのようなものかを考える。

2 「見直し」の徹底——アフターアクションリポートの作成

危機担当者が平時において考えるべき第一の点は過去の危機対応事例を振り返り、それを通して、現行の危機管理計画や体制の不備を見直すことである。そのための方法論として、ＩＣＳ（Incident Command System）ではアフターアクションリポートの作成を義務づけている。アフターアクションリポートとは、危機対応の際に組織が作成した書類をすべて集め、それを機能別・時系列的に整理したものである。こうしたレポート作成をどのような規模の事案でも義務づけている。

アフターアクションリポートは、危機対応後に関係者が対応の教訓を引き出すために行う振り返りの資料として使用され、そこでの結論とともに、今後類似の事案が起こった場合に参照する資料として保管される。危機対応においてすべてが完璧にできることはまずありえない。したがって、アフターアクションリポートを作成すれば、危機対応に関して上手に対応できた部分と、問題を残した部分とを明確に分離することが可能になる。上手にできた部分はノウハウとして今後研修・訓練を通して、継承するべき内容である。また、問題を残した部分は今後の対応において改善するべき見直し対象である。

こうした危機対応の評価をどのような規模の事案についても行うことで、危機事案への対応として有効となるノウハウの集積が可能になる。全く同じ事案は二度と発生しないといわれるほど、危機事案はどれも個性がある。しかし、危機の個性はその事案に特有な個別要素と、どの危機事案にも共通する要素が混じり合うことで生まれている。大規模な危機は多くの教訓の宝庫であるが、めったに起こらないため、個別要素と共通要素の分離が難しい。しかし、すべての規模の危機についてアフターアクションリポートを作成することで、さまざまな規模の危機において繰り返し見いだされる危機対応の共通要素を明示することが可能になる。また、すべての規模の危機についてリポートを作成することで、今後改善するべき事項については改善効果を検証する機会をより多く提供することになる。こうした過去の危機対応の評価・分析を積み重ねることで危機管理に関して研修・訓練するべき内容も継続的に充実していくことになる。

わが国でも大規模な危機に関しては、報告書や記念誌がまとめられることがあるが、中小規模な事案についてレポートをまとめることはほとんどない。そのため、成功した危機対応のノウハウが個人の経験だけにとどまり、組織として継承されないまま、また次の危機の際には一から始まることを繰り返している。アフターアクションリポートの作成は、継続的な危機管理能力の向上をめざす組織がまず行うべきこととして、わが国でもすぐにでも始めるべき対策の一つである。

3　体系的な研修・訓練の必要性

危機はめったに発生しない。したがって、まれにしかない実践の機会だけを危機管理計画や体制の見直しの機会とすることはきわめて不効率である。危機管理能力を継続的に向上させるためには、計画や体制の不具合を定期的に見直す必要がある。そこで重要な役割を果たすものが危機管理に関する研修・訓練である。言い換えれば、危機管理においては、現行の計画や体制の不備を見直す機会という意味では、実際に発生する危機と、研修・訓練を同列に扱うことが大切になる。むしろ、定期的に実行することが可能であり、主催者側で焦点を設定することができるため、研修・訓練を現行の計画や体制の不備を見直す主な手段として位置づけ、実際の危機対応を望外の好機と位置づける考え方が求められる。

危機管理に関する研修・訓練では何を目的とするべきだろうか。答えは「現場力」の向上である。危機管理の成否は最終的には危機対応現場での苦境の程度によって評価することができる。危機対応時の仕事の特徴として、「時間がない」「仕事量が多い」「世間の評価が厳しい」「曖昧な状況での判断を求められる」という四点があげられる。こうした状況の中で的確な危機対応をするためには、現場の第一線で働く人々に高い能力が求められる。つまり「現場力（Operational Excellence）」が求められる。実際の危機を経験することなくそれを実現する方法として、研修・訓練が位置づけられる。

「現場力」という概念の提唱である遠藤功（二〇〇六）[1]は、優れた企業の分析を通して、組織において成果（バリュー）を創出する場の総称として「現場」を定義している。「企業の成長力、持続力を支えているのは、一人の天才ではなく「問題を発見し、解決する」能力を備えた現場の集団の力を「オペレーショナル・エクセレンス」と定義し、その根底には「すべてはお客様のために」という発想があるとしている。そして「強い現場」をつくるための条件として、①「現場こそが価値を生み出すエンジンである」という基本精神の共有、②現場のやる気を喚起するための経営層の姿勢、③問題点・プロセス・結果の「見える化」、④官僚的「事なかれ主義」からの脱却、⑤自律心をもつ小さな組織体の構築、⑥現場への権限委譲、⑦そしてそれらを継続する力、の七つをあげている。こうした七つの条件を身につける場として研修・訓練が位置づけられる必要がある。

4　研修・訓練の基本モデル

わが国では危機対応に関する図上演習の実施が流行している。自衛隊の指揮所訓練をまねて、地図上にさまざまな情報を書き込み、どのような対応をするべきかを小集団で話し合う形式のワークショップがあちこちで開催されている。座学の講習と違い参加者に積極的な参画が求められるため、参加者の評価も高い。一見結構ずくめに思えるが、これまで述べてきた一元的な危機対応の実現のための訓練という観点からは疑問が残る。現行の方式では危機対応に対して個々人がもつばらばらな思いをただ強化するだけで、その場として充実感は得られるものの、標準的な危機対応能力の向上という点での評価は未知数だからである。どのような危機にも対応できる危機担当者および応援にあたる人材を育成するという目的を達成するために、研修や訓練の内容と方法の両面での体系化がなされる必要がある。

研修と訓練は「まなぶ」「ならう」「ためす」という三つの側面で構成されている。これは教育工学でいうKSA、すなわち「知識（knowledge）」、「技能（skill）」、「態度（attitude）」の習得にそれぞれ対応している。[2] 知識はさらに細分され、「違いがわかる（discrimination）」「概念の理解（concept）」「ルール・原則の理解（rule）」「問題解決（problem solving）」の四段階に分かれており、これらすべてを言葉で表現することが求められる（verbal information）。こうした七つの要素が「できる」ようになることが研修・訓練の成果である。こうした研修訓練の過程を野球にたとえると、「まなぶ」とは野球の理論やルールを覚えることに相当する。知識として野球を理解することを意味する。「ならう」とは基本技能の反復訓練である。野球に必要な技能は理解に加えて技の習熟を必要とするからである。そして「ためす」は紅白戦や練習試合にあたる。習得した知識や技能を状況に応じて適切に利用できる態度の形成を意味する。このうち、研修は知識や技能の習得を中心とする「まなぶ」「ならう」の部分を担い、習得した知識や技能をどう使う

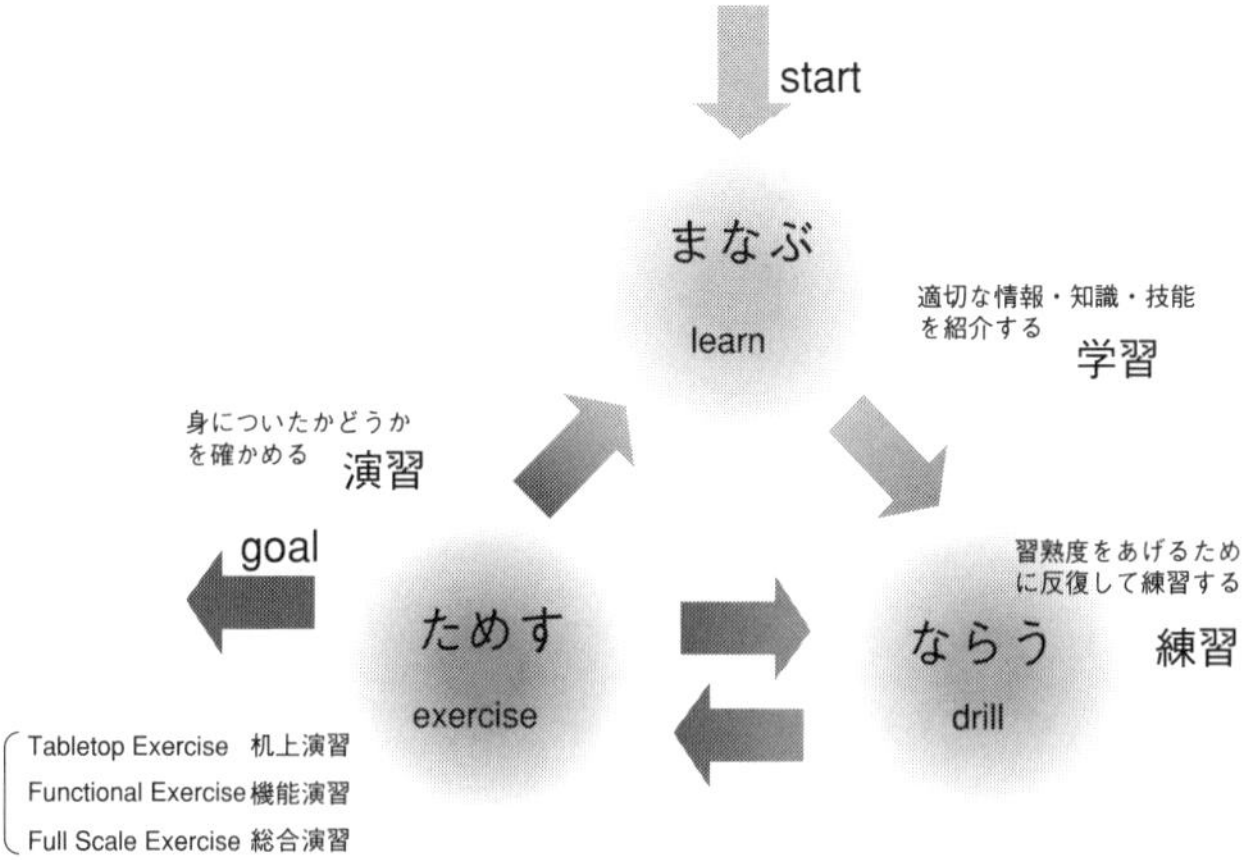

図12−1　研修・訓練の基本モデル

のかを実践形式で習得する「ためす」が訓練の領域となる。「まなぶ」「ならう」「ためす」の相互の関係は図12-1に示す通りである。

研修訓練の第一歩は、自らの行動の範とすべき知識・技術・態度を正しく理解することから始まる。「まなぶ」は元来「まねぶ」に由来するといわれるように、「まねる」べき模範を必要とする。それをもたなければ、振舞いは我流になる。危機対応を初めて経験した人が自らの対応を振り返って「何をしていいかわからなかった」という感想を述べる場合が非常に多い。こう述べる人は危機に臨んで自分の行動の範とするべき知識・技能・態度をもたない状態にある。自分がするべきことが明確になっていない人には、危機対応において何をするべきかについて体系的に知識を提供することが必要である。「するべきことがわからない」人たちを「するべきことがわかる」状態にすることが「まなぶ」段階での研修の目標となる。

「何をすればよいかはわかっていても、できるわけではない」という声も多くの危機対応経験者から聞かれる感想である。頭で理解していることは、必ずしもそれを的確に実行できることを意味しない。実行に必要となる技能の習熟が十分でなければ、的確な実行は難しい。そこで必要となるのが「ならう」の段階での技能の習熟訓練である。反復して練習することで、するべきことが「わかる」から「できる」にすることが「ならう」の目標である。「ならう」の段階では、基本となる部分を取り出し、その部分を集中的に練習して習熟度をあげることが一般的である。野球の練習の例でいえば、キャッチボール、打撃練習、守備練習、連係プレーの練習などである。その達成目標は、どのような状況においても意識することなく確実にかつ迅速に実行できるようになることであり、練習の成果は技能の正確性と迅速性によって評価される。

最後の段階は、状況に応じて、必要とされることを必要とされるときに確実に実行するようになることである。野球の例では紅白戦や練習試合であり、試合形式でそれまでの練習の成果を「ためす」段階である。そこで大切なのは状況の付与である。それまで習熟してきた知識や技能をどのような場面で使うべきなのかを習得することになる。こうした知識や技能を適切に選択する力を教育工学では「態度」とよぶ。したがって「ためす」の段階では態度の習得し、「実行できる」を「実行する」にすることが目標となる。

5　効果的な研修方法とは

ギリス（一九九六）によれば、米国における訓練は基本的にどのような危機に対しても対応できる一元的な危機対応能力の向上を共通の目的として、図上訓練、機能訓練、実地訓練に大別される[3]。図上演習は、業務の方針や業務手順の構築、役割の明確化、災害対応知識の検証のために活用されるものである。また、機能訓練には、機器、機材の操作法や共同作業の要領、業務処理手順、他組織との連絡・調整要綱、連携要領など個々の業務を訓練するためのものと、個々の業務の連続性やその能力全般を評価するために使われる訓練とがある。実地訓練は、実際に起こりうる危機について可能なかぎり実状況に近づけ、現地現物で組織の遂行能力全般を検証する行うものである。

これら三種類の訓練は準備にかかる時間も異なっている。図上訓練は通常数か月、機能訓練は約一年、実地訓練は二ないし三年の準備期間を必要とするといわれている。したがって、これら三種類の訓練をそれぞれ個別なものととらえずに、長期的な人材育成計画に基づいて、これら三種類の訓練を組み合わせて実施することにで、その効果を有効に発揮できる。

どの種類の訓練を実施するにあたっても、ＰＤＣＡ（Plan－Do－Check－Action）の業務改善のサイクルに従った共通のプロセスが存在している。Planの段階では人材育成計画に基づいて、具体的な訓練を企画し、その実施要領を作成する。訓練は通常、プレイヤー、コントローラー、シミュレーターの三つの役割で構成される。プレイヤーは訓練の受講者であり、状況がどのように展開するかについては知らされていない。これをブラインド方式とよんでいる。訓練の現場にいてプレイヤーに対して次々と新たな状況を付与していくのがコントローラーの役割である。コントローラーは訓練の進行の司令塔となる重要な役割である。危機対応にかかわるすべての組織がコントローラーとして参加するのが実地訓練となる。しかし、すべての組織が訓練に参加することは現実的には難しい。そこで物理的に参加できないステークホルダーの動きを代表するのがシミュレーターである。訓練の計画段階で、それらの機関の対応の在り方が事前に決定される。したがって訓練の企画と実施要項の作成では、いかに組織が直面する現実の危機に近い事態をコントローラーとシミュレーターがプレイヤーに対して構築できるのかがその中心課題となる。

Doは訓練の実施である。プレイヤーとコントローラーが参加して、現実の危機を模した状況設定の中で、規定の対応方針や対応計画に従って対応を行い、その有効性を確かめる。訓練するべき対応は行動・技能と意思決定との両面がある。行動・技能の訓練については九月一日の防災の日前後の総合防災訓練や、正月の消防出初め式などで広く知られている。しかし、これは訓練という側面と同時にデモンストレーションの要素も多く含まれている。むしろ最近の訓練の中心は意思決定訓練である。与えられた時間内にできるだけ多くの状況を付与するために、時間を二倍速あるいは四倍速で進行させて意思決定を求めることもよく行われる。意思決定訓練においても迫真性はきわめて重要である。しかし、それは会場の設営や通信機器などによる迫真性ではなく、現実と同じような状況や制約を再現した中でいかに意思決定を求めるのかにかかっている。

Checkは訓練の後の「振り返り」である。無事に訓練がすむだけでは、訓練を行う本来の意義を十分に尽くしたとはいいがたい。訓練を通じて明らかになった「よかった点」「悪かった点」「疑問に思う点」を参加者それぞれから自分の言葉で自由に語ってもらい、その結果を集計することによって、危機管理計画や体制の不備を改善するための原資料を得ることができる。こうしたフィードバックはプレイヤーからもコントローラーからももらう必要がある。コントローラーからの「振り返り」は「講評」という形をとっても差し支えない。できるだけ多くのフィードバックを得るには、参加者が疲れているものの訓練終了直後に引き続いて振り返りの時間を設けることがもっとも望ましい。それを実現するためには、実施計画の策定にあたって、日程の一部として最後に「振り返り」「講評」を組み込んだ計画を立案する配慮が必要である。

Actionは訓練を通して明らかになった現行の危機管理計画や体制の改善すべき点を実際に改善することである。危機対応は組織をあげての対応が求められるため、効果的な業務遂行のためには、さまざまな部局の業務を連携させる必要がある。それぞれの部局でつくられた個別の業務では完璧であったとしても、その連携という観点からは改善するべき点が多いこともまれではない。道路工事のために作業員は朝現場に着いたが、資材が届かず、仕事にならなかった。資材が夕刻やっと着いたが、作業員は作業を始めずに、五時で帰ってしまった。これは定められた日に作業員と資材がそろいながら、だが仕事が進まない非効率な仕事の典型例として有名なある国の事例だが、危機対応においても似たような状況が発生することは否めない。そうした問題点を事前に発見し、解決しておくことが実地訓練の重大な使命である。

実践の教訓をアフターアクションレポートとしてまとめ、それをもとに危機対応計画や体制に見直し、訓練を通してその有効性を検証し、有効なものだけを残し、次を担う人に研修する。このサイクルを長期的な視野をもちながらまわすことが、まれにしか起こらない危機に対して平時から危機対応能力を継続的に向上させる方法なのである。

第13講 教育訓練の方法

1 危機対応業務と日常業務

近年のわが国では、多種多様化する危機に対して柔軟かつ迅速に対応することが求められている。これまでは地震災害や洪水災害、津波災害といった自然災害を対象として自治体を中心として対応策が練られてきた。しかし、近年では自治体が対処するべき危機事態は自然災害にとどまらない。複雑化する人為災害への対応や、さらには国民保護法の施行後は有事の際の対応についても自治体の果たすべき業務が位置づけられた。リスクが顕在化した際には、いままでに経験のない新しい現実に対して柔軟に業務を実施することが求められる。

組織が効果的にリスクに立ち向かうためには、危機事態を想定した教育訓練が不可欠である。しかし、危機対応に必要な業務の教育訓練に積極的に取り組み、それを日常業務の中に取り込むことは、日々多くの課題解決に追われる組織にとって、たやすいことではない。そこで本講では、日常業務と危機対応に必要な業務との関係を検討し、全体の効率化をめざして新しい業務形態を組織に根づかせるために、短期での効果的な学習を実現するためのモデルと学習パッケージの実践例を紹介する。

2 インストラクショナルデザインとは

組織の戦略遂行を実現することを目的として、投資効果の高い教育・訓練のための仕組みとして開発された、インストラクショナルデザインという体系的な教育・訓練開発のための枠組みを導入する。インストラクションは「教育」と同義ではなく、インストラクションの受け手から何らかのアクション（行動）を引き出すことを目的として行われる。その活動を成功に導くためにはそのデザイン（設計）が重要なポイントになる。

インストラクショナルデザインとは、学習の効果を高め、学習に要する時間を削減するために、教育訓練を設計・実施するための方法論である。[1] インストラクショナルデザインは教育工学における理論で、教育担当者がどのような手順を踏んで研修や授業を実施するべきかを体系的に規定している。インストラクショナルデザインを用いると、教育の目的が明確化できるとともに、目的の達成に向けて適切な教育実践ができるようになるのが利点である。インストラクショナルデザインは学習理論（心理学）から出発して、コミュニケーション学、情報学、メディア技術を基盤として発展し、日本でもeラーニングの普及とともに注目されている。米国では一九八〇年代から企業研修で利用されている。米国企業がインストラクショナルデザインの採用に積極的なのは、研修の結果を「どの程度企業の業績に貢献したか（費用対効果）」としてできるかぎり数値化することが求められる風潮にあるためである。これに対して、日本の組織では、「新入社員研修」や「管理職研修」、「専門スキルの向上」など、職格や職種に応じての研修が多く、これがインストラクショナルデザインが普及しなかった理由の一つである。また、教育効果のあがらない原因を受け手（学習者）側に求める傾向にある点にも依拠している。

3 インストラクショナルデザインの基本プロセス

インストラクショナルデザインは、ADDIE（分析→設計→開発→実施→評価）という代表的なデザインプロセスをもつ。ADDIEプロセスは、図13-1に示すような流れになっており、各ステップに対して、評価を加えることで効果的なデザインをめざす。「インストラクションの受け手から何らかのアクション（行動）を引き出す」ことがインストラクショナルデザインの目的であることから、受け手（学習者や学習者が所属する組織）のニーズと状況に対して密接なかかわりをもちながら、デザインのプロセスを実施する。

ADDIEプロセスを構成する各プロセスについての概説を以下に記す。

分析（Analysis）

分析過程は基本的に学習者や組織が期待をしているニーズを評価することから開始する。分析すべきニーズは、到達したい目標を把握し、その目標を達成するとどのような活動や技術が具体的に可能になるのかについて分析する。その上で、学習者、学習環境についても分析する。また、目標を達成

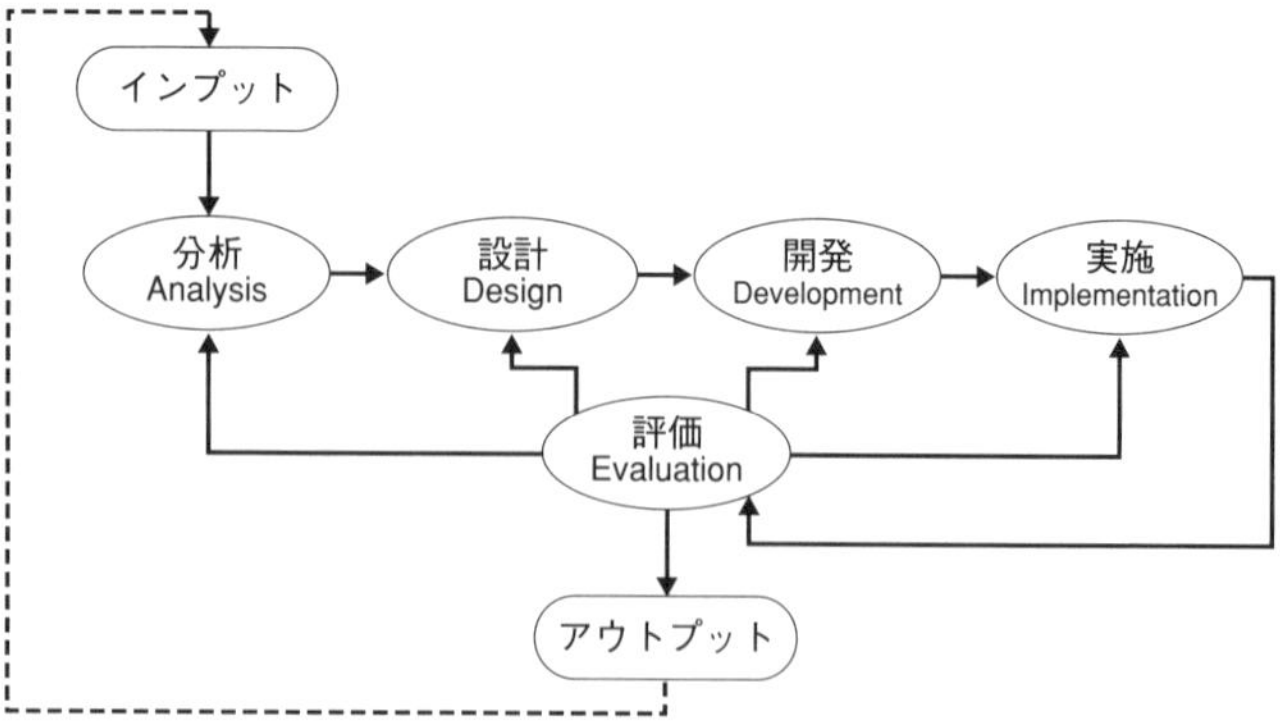

図 13−1　ADDIE モデル

し、目的の活動・技術の取得が可能になるための前提条件となる技術について分析を行う。

設計（Design）

前プロセスの分析結果をもとに、目標を達成するまでのステップと、各々のステップごとにインストラクションによって、達成される行動目標を設定し、インストラクションの全体的な構成を明らかにする。さらに評価基準や教授方法、教材を設計する。

開発（Development）

行動目標が達成されたかどうかを知るための評価基準の開発、教授方法の開発、さらに教材（文書化されたもの、学習を支援するもの、学習を促進するためにインストラクターが使うもの）の開発を行う。

実施（Implementation）

開発した教材の効果を知るために、インストラクションの実施過程でデータを収集する。実施過程で得たデータを評価し、インストラクションを改定する。評価の基準は、①わかりやすさ、②インストラクションが行動目標達成に与える影響度、③制限された資源や時間における実現性である。

評価（Evaluation）

インストラクションの継続や導入を判断するために、インストラクションの効果と問題点の評価が必要となる。評価者は、インストラクションの質を客観的に判断できる外部の人間が好ましい。

4 インストラクショナルデザインが実現する目標

Robert Gagné は、インストラクショナルデザインが実現する目的領域には以下の五種類があると分類している[2]（図13-2）。Gagné の分類方法は、インストラクショナルデザインにおいてはもっともよく知られたものであり、それは抽象的なものから具体的なものまで学習の定義づけを明確に識別したからである。

① 機能（motor skills）　考え通りに体を動かし、目的を達成させるのに必要な運動技能を取得する。例：消火器を用いて火を消す。

② 態度（attitude）　信念に基づく行動を達成する。例：地震が発生したとき、身の安全を確保する。

③ 言語情報（verbal information）　㋐特定のインプットに対して命名したり、その名前を想起

知的技能	(intellectual skills)
知的戦略	(cognitive strategies)
言語情報	(verbal information)
態度	(attitude)
運動機能	(motor skills)

図 13−2　Gagné による五つの目的領域

する能力。例：取扱手順を述べる、県庁所在地をあげる。㋑相互に関連性のある事実の総体から、一連の知識を引き出す。例：テキストを読んで要約する。

④　知的戦略（cognitive strategies）　単純にステップを積み重ねれば実現できるという目標ではなく、情報を注意深く組み合わせながら、想起される疑問に対して自問自答しながら実現する問題解決能力を身につける。例：読解力を身につける。

⑤　知的技能（intellectual skills）　いままで扱ったことがない情報を用いて、問題解決を行うことができることを目標として、三つの能力（識別、概念、ルール・法則）を身につける。例：会議において司会者として話し合いをとりまとめる。

危機管理における教育・訓練がめざす技能は、①〜⑤のすべてにわたる。とくにインストラクショナルデザインにおいて、系統的・総合的なインストラクションの組立てが必要となるのは、知的技能の実現においてである。また、危機管理の現場において、刻々と変わる状況に対応し、適切な対応を可能にするためには「知的技能」の取得が最終的な目標となる。

5　知的技能とは

知的技能の構成要素は以下の四つである。

①　識別する――「違い」の見極め　識別するとは、ある特定のグループにおける、異なる個に対して、それぞれの対応を行うことである。本質的な差を見抜く力を身につける。

②　具体的な概念を知る――概念の理解　観察可能な事象におけるある特定のグループに属するすべての構成要素に対して一律に具体的な概念をあてはめることができるようになる。対象物、人、イベントなどの本質的な類似点に着目して、具体的な概念にあてはめることができる。例：音楽を聴いてジャズ、カントリー、ロックなどに分類する。

③　ルールを適用する――ルール・原則の理解　とるべき行動の種類に対して、適切なインプットを付与するために、与えられた情況や条件にルールを適用する。たとえば「もし～だったら、そこで～する」のような記述。手続きを考えるときには、フローチャートを用いる。

④　問題を解決する――問題解決力　これまでに遭遇したことがないような課題を解決するためには、いままでの経験をもとに既存のルールを組み合わせることでまず対応する。そして解決策が見つかるまで、いろいろと試してみて失敗を繰り返すことで全く新しいルールを生み出す。

6　危機対応現場におけるインストラクショナルデザインの適用

危機対応の現場において、必要な技能については、危機が顕在化する前に、教育・訓練を通して身につけ、それらを実際に危機対応の現場で実現することが理想の形である。しかし、この理想を実現することは難しい。なぜなら、平常業務の技能は事前に教育・訓練した技能を平時の業務で実施しながら磨かれる。一方で危機対応の技能は、一般的に対応者は初めて実践の場に臨むことも多いため、現場対応を行いながらの試行錯誤により磨かれる。また、平時の業務で技能を磨くことが難しいとすれば、組織内外における「過去の危機対応の経験」から導き出された教訓や最新の研究成果などを取り込んだ教育・訓練を事前に実施することで技能を磨くべきである。しかしながら、平時業務に比べて危機対応業務の優先順位は組織内で低いために、事前から技能を磨くことが実現されていないという傾向が、民間企業のみならず、本来危機対応の第一義的な責任者である行政組織にもみられる。そこで、解決策として提示されるのは、

・平時から基礎的技能（①運動機能、②態度、③言語情報）を身につける。
・危機対応の現場において、危機対応を実践しながら、同時並行的に教育・訓練を実施し、④知的戦略、⑤知的技能を磨く。

これが、現実的でかつ効果的な方策であるといえる。また、現場での教育・訓練ついては、顕在化した危機の特徴を知り、最新の現場と向き合うことで、学習者（対応者）の切実なニーズをとらえ、より実践に即したインストラクショナルデザインが可能になる。

7　危機対応現場における教授法

危機対応の現場において危機対応の現場に必要となる技能を教育・訓練を実現するためには、どの

ような注意点が必要となるのだろうか。ここではまずどのような教授法を採用するべきかについて述べる。危機対応業務に追われる現場の実務者に対して，効果的効率的に技能を身につけさせるためには「認知的徒弟制」理論を用いることが最適であると考えられる。

認知的徒弟制理論とは，A. Collins らによって提唱された学習モデルの一つである。A. Collins らは学校教育以上に長い歴史をもつ徒弟制に着目し，これまでの伝統的徒弟制度と対比する形で，認知的徒弟制理論としてその教育方法をモデル化した(3)。このモデルでは，ある分野領域の熟達者が，初学者に対して技術や考え方を学ばせることを目的としている。認知的徒弟制理論では，単に知識や技能を教授するのではなく，熟達者が複雑な課題を扱う認知的な技能とプロセスを教えることで，物理的な技能やプロセスよりも，問題解決に必要な技能を教授することができ，実践を通した学習の中で教授を実現するところが特徴的である。

伝統的徒弟制と認知的徒弟制の主な違いは以下の二点である。第一の違いは，伝統的徒弟制は，仕事場で起こるものであるため，学習者に与えられる問題や仕事は，教育学的な配慮からではなく，仕事場の要求から発生するため，教えられることには制限がある。一方，認知的徒弟制は，技能や手段をさまざまな状況で活用させて練習させるために，学習者のニーズを達成するために課題や問題がうまく選ばれ配列されている。第二の違いは，伝統的徒弟制が，彼らの仕事の文脈の中で技能を教えることに焦点を置いているが，認知的徒弟制は，異なった環境においても適用できる一般化した知識であることに焦点をあてている。

認知的徒弟制には，モデリング（modeling），コーチング（coaching），スキャフォルディング

（scaffolding）、アーティキュレーション（articulation）、リフレクション（reflection）、探求・フェーディング（exploration－fading）の六つのステップがある。「モデリング」「コーチング」「スキャフォルディング」は伝統的徒弟制においても核となるものであり、学習者が技能を観察や実践を通して獲得する。「アーティキュレーション」「リフレクション」においては、学習者が問題解決のプロセスを観察したり、学習者自身の問題として解決のための戦略を意識化する。「探究・フェーディング」において、学習者が自立し、単に学習者の後追いではなく、自分たち自身で問題の解決を定義・定式化する。

① モデリング（modeling）　熟達者が仕事の進め方を提示し、学習者はそれを観察し、仕事を進める上で必要となる概念モデルを構築する。

② コーチング（coaching）　熟達者の監督のもとで学習者が仕事を遂行する。この中で学習者は、教授された技術や考え方を実践する。熟達者は、学習者の実践状況を観察し、必要に応じて支援を行う。

③ スキャフォルディング（scaffolding）　スキャフォルディングのプロセスでは、学習者は自立をめざし、学習者自身で仕事を進めていく。しかしながら、完全に自立したわけではないため、学習者は仕事を完遂するために必要とあれば熟達者の支援を借りて、仕事を遂行する。この中で、学習者と熟達者は同じ課題に対し協同で問題解決を行う。

④ アーティキュレーション（articulation）　学習者が、知識、推論、または問題解決プロセスの状況を明確化できるようにする。

⑤　リフレクション（reflection）　学習者が問題解決プロセスを、熟達者のものと他の学習者のもの、最終的には、何か熟達化の内的な認知モデルに反映できるようにする。

⑥　探求・フェーディング（exploration–fading）　学習者自身が問題解決に取り組むモードへと導く。徐々に熟達者による支援を減らしていき、学習者を自立させる。

危機対応現場での教育では、前述したインストラクショナルデザインと、認知的徒弟制理論に基づいた教育の実施を組み合わせ、さらにインプットとして研究者のもつ知見や最新の研究成果を取り入れることで、全体をパッケージ化することが重要である。これを学習パッケージとして位置づける。危機対応現場での教育は、学習パッケージに従うことで短期間での各実務者の能力向上を実現するとともに、過去の知見を実務者に根づかせることが可能になる。

8　二〇〇七年石川県能登半島地震災害の危機対応への適用事例

二〇〇七年三月二五日九時四二分ごろ、能登半島沖の深さ約一一キロメートルを震源として、マグニチュード六・九の石川県能登半島地震が発生した。この地震により、石川県の七尾市、輪島市、穴水町では六強、石川県志賀町、中能登町、能登町では六弱の震度を観測した。石川県全体では死者一名、重傷者二七名、軽症者二九一名という人的被害のほか、全壊五九三棟、半壊一二五四棟、一部損壊一一九九一棟という住家被害（二〇〇七年五月一四日現在）(4)が発生した。このような全体の被害に対し、石川県の中でも震源地にもっとも近く六強の震度を観測した輪島市では、死者一名、重傷者一二名、軽症者八〇名の人的被害に加え、全壊四四九棟、半壊七五〇棟、一部損壊七五七一棟という石川県全体の被害の大部分を占める被害が発生した。

被害の大きかった輪島市では、早急に災害対応の方針を立て、被災者への安全確保と今後の被災者の生活再建を支援する運びとなった。筆者らの研究グループは、二〇〇四年新潟県中越地震における小千谷市の業務支援の経験をもとに石川県輪島市の危機対応の支援を実施することとなった。我々はいつまでも被災地にとどまることはできないという認識のもと、インストラクショナルデザインの考え方を用い、危機対応者のニーズの把握を行いながら合理的な危機対応業務の実現とそのノウハウの伝承をめざした。最終的な目標は、最新の知見を取り入れた業務を実務者だけで運用することであった。

輪島市では二〇〇七年四月一七日より被災者生活再建支援の相談窓口を開設し、被災者の状況を把握するとともに、被災者の生活の再建を支援することとなった。これは、輪島市にとって平時の業務とは異なる新しい業務であり、生活再建支援業務の理想的なあり方はその時点では確立していなかった。

生活再建支援業務では、被災者が窓口に訪れ、被災状況の説明や相談を行いながら、市が適切な支援メニューを提示することにより進められる。さらに、どの被災者にどういう支援を市として行ってきたかの履歴を把握しながら、その後の対応方針の決定を考慮する必要もあった。しかしながら、この業務は平時から十分に議論されてきたものではなく、業務フローが確立していない上、対応する市の職員の数がそもそも少なく、被災者（建物被害認定調査により居宅の判定が半壊以上）がいっせいに押し寄せる状況下で、短期間に膨大な処理件数をこなさなければならなかった。さらには生活再建支援制度は新しい制度のため実務者が支援内容を熟知していないこともあり、そのままでは相談窓口は混乱状態に陥ることが想定された。筆者らの研究チームはこの現状に対し、これまでの研究からえられた知見を援用し、実務者の支援を通して業務の合理化をめざした。

「業務フローの改善と業務の効率化については自分たちの裁量で設計できる」ものの、「支援メニューについては、国の制度で決められており、勝手に変更はできない」という制約条件が課せられた。この条件下で支援を行い、実務者による合理的な業務の運用をめざした。まず、実務者のニーズ把握と現状分析を通して研究者のもつ知見も交えながら業務フローの確立を行い、それを実務者に教授したことにより、実務者による業務運用が実現できた。以下に、インストラクショナルデザインに従った教授の流れを記す。

分　析

四月一六日に、輪島市復興支援室で担当となる被災者生活再建支援相談業務の具体的な仕事内容を洗い出した。各仕事の中で収集される情報を明確化するとともに、業務を運用するにあたり、配置可能な人的資源と物的資源を把握した。

この分析の中で、過去の危機対応から得られた知見と照らし合わせることで、市の職員として何をするべきか、何を把握するべきか、そして、どういう台帳を作成するべきかが明確となった。具体的には、現行制度では建物の被害状況に応じて支援メニューが決定されるため、生活再建支援を実施するためには被災者の被災した場所（居宅）と個人属性、被災程度などを統合した台帳を新たに構築す

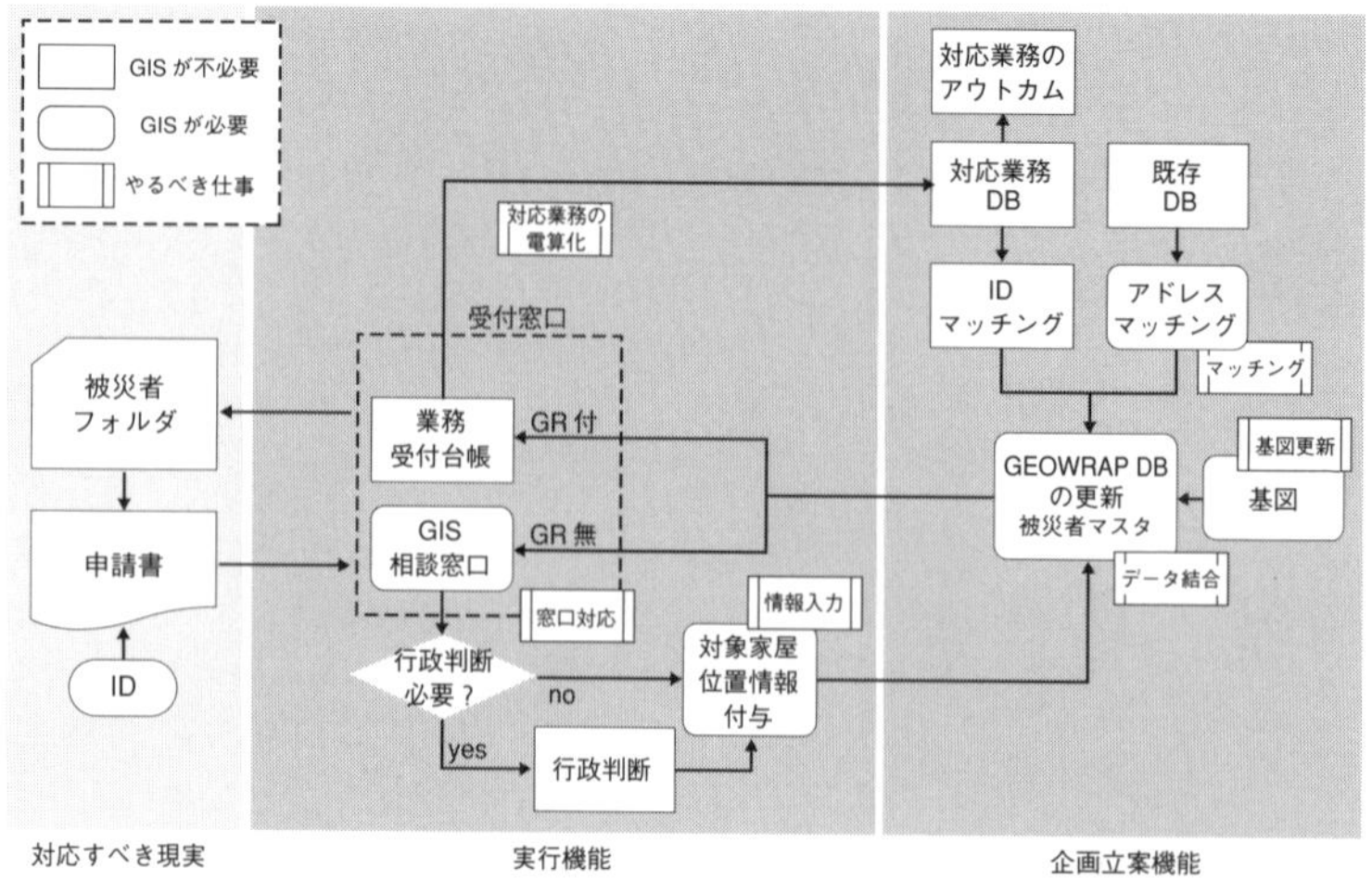

図 13－3　位置情報による情報統合を可能とする業務フロー図

る必要があった。被災者の被災した場所は被災当時に住んでいた場所であり住民票登録のような公的申請の中で確定している場所ではないこと、個人属性は平時から住民基本台帳で管理されていること、被災程度は災害発生後に新しく現地調査を行って収集される情報であることから、情報がそれぞれに独立しており、それらを統合することは非常に難しく、合理的な情報処理モデルを構築しつつ理想型をめざして新しい業務フローを確立した（図13–3）。中でも、独立した情報を統合するために、筆者らは各情報のもつ位置属性に着目し、空間上での情報の配置を通して情報間の位置関係から情報統合を行うGEOWRAPという仕組みを提案し、情報統合の合理化をはかった。そのため、相談窓口の業務を通して収集される情報に位置情報を付与することが、ここで提示した新規業務フローのキーポイントとなった。このGEOWRAP

の説明と業務モデルの詳細についてはここでは割愛し、参考文献（5）を参照していただきたい。

前記の業務モデルを実施経験のない実務者に根づかせるために、インストラクショナルデザインの仕組みを用いたインストラクションの実施、それを効果的に行うための教材の設計、情報収集・統合のためのシステム設計、マニュアルの設計等を、現場で実施した。

設　計

分析結果として得られた支援相談窓口業務を構成する仕事、割当てが可能な人的資源と物的資源、学習内での習得すべき仕事内容をもとに、業務全体の効率化をはかるために研修の設計を行った。設計プロセスにおいて、だれにどの仕事を教えるのか、どこまで教えるのか、どういうツールを用意するのかを設計した。次に以下を要件とし、現場職員と筆者らの共同作業により、四月一六日から四月二〇日にかけて、設計プロセスを実施した。

① 研修の範囲の設計　時間と資源を考慮し、最低限の能力向上で、確実に業務を遂行できるようにする。また、人的資源（実務者）への合理的な仕事の割振りを行う。

② 学習フローの設計　全体像が把握でき、手続きに後戻りがなければ、まずは最小限の手続きを確実に取得して、業務遂行の中で発生するその後のトラブルについてはFAQを作成して解決できるようにする。基本的な骨格部分と例外処理とに分け、実務者は受付件数の大半を基本的な手続きで処理を行い、例外処理についてはFAQの利用で解決する。新しい仕事が本来の達成目標のための基本業務を妨げてはいけない。

③　研修マニュアルの設計　学習者は全体像が把握できるとともに、目的と目標が明確にできる。基本的な手続きの流れを中心に記述すれば、各手続きの達成目標は明確である。例外処理やアプリケーションの詳細な使い方等はＦＡＱに記述する。

④　基図の設計　空間による情報統合のためには、基図は欠かせない。基図は継続的に利用でき、対象地域（輪島市）の全域をカバーできるもの、完全にはカバーできなくとも業務の効率化に大きく寄与できるものを中心に選定する。中でも輪島市がもつ信頼性の高いデータにおいて、必要な基図は最大限に利用する。このとき混乱を避けるため利用価値の低い基図は利用しない。

⑤　受付用ＰＣの設計　利用するソフトウェアは操作が簡易であり、位置情報と受付けに関する種々の情報が確実に収集できる。また、複数ＰＣ間では共通でシンプルなインターフェースを用意する。入力するべき項目は最低限にとどめる。現場でのＰＣの確保を容易とするため、スペック要件を低く設定する。

開　発

設計プロセスでの設計結果をもとにして、学習実施に必要なツールの開発を行った。この中で、実際に研修で使用するマニュアル、手続きフローを開発し、使用するシステムとＰＣの整備を行った。開発プロセスは、設計プロセスと並行して四月一六日から四月二〇日にかけて実施した。

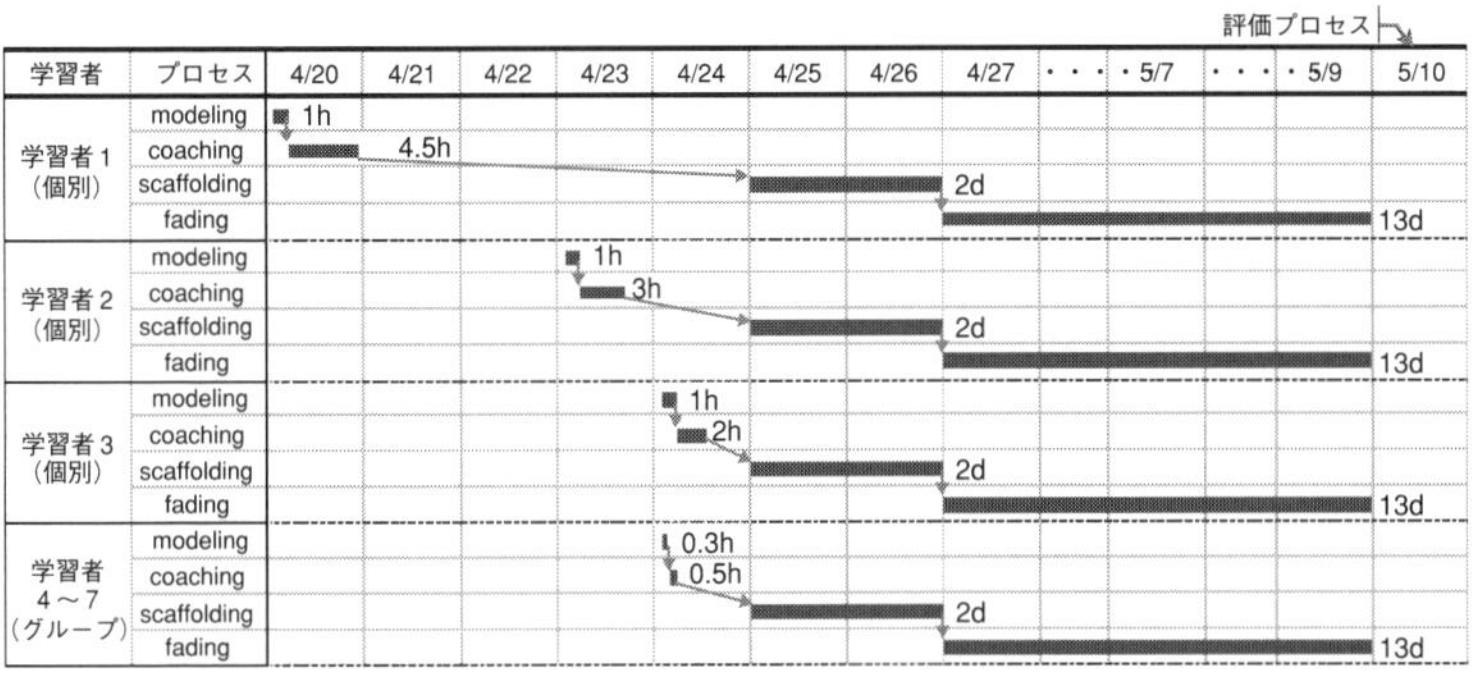

図 13－4　各学習者に対する教育の実施状況

実　施

本来の実施プロセスは、まず試行段階を経てインストラクショナルデザインを行うが、危機対応の現場では時間的制約が厳しいため、現場対応を進めながらよりよいデザインに変更していかざるを得ない。そのため実施プロセスは試行段階の実施ではなく、実際の実務者に対する、実際の業務フローの教授となった。

実施プロセスでは、開発プロセスで作成したツールを援用し、教育者（この場合は研究者）と学習者の協働により認知的徒弟制理論のうちモデリング、コーチング、スキャフォルディング、フェーディングの四つのプロセスを実施した。

輪島市において生活再建支援の相談窓口の担当となった災害復興支援室では、七名の職員が実際の窓口で被災者の相談に応じることとなった。この七名に対し、学習者一〜三は個別に、残る学習者四〜七はグループで学習を実施した。この学習の実施により七名の職員は、受付業務の全体的な流れと、その中に組み込まれた位置情報を付与するという特異的な手続き、さらに位置情報付与のための簡易ＧＩＳ（地理情報システム）の操作方法を習得し、職員たちだけにより継続的に位置情報付与型の相談受付業務が遂行された。各職員に対する学習の実施状況は、図13―4に示すとおりである。

筆者らはモデリングとして、個別では一時間程度、グループでは二〇分程度をかけてGIS上での位置情報付与の業務手続きを実演した。コーチングとして、個別では二～四時間程度、グループでは三〇分程度をかけて、学習者へ全体の流れと詳細な手続きを確認し、学習者自身の手で手続きを完遂できるまで、教育者と学習者による演習を実施した。

四月二五日より二日間の全相談受付に対して、スキャフォルディングのプロセスを実施した。各学習者は、受付窓口で相談対応を行うと同時に、申請者の住居家屋を特定し位置情報を付与する。この中で、位置情報の付与に関するトラブルについては、筆者らが適宜、説明しながら進めた。四月二七日よりフェーディングのプロセスをめざし、実務者による現場対応を通してアーティキュレーションのプロセスを実施した。また教育者が立ち会いながら学習者の認知モデルへの種々の対応内容を組み込むリフレクションのプロセスを行った。これらは同時並行で実施され、五月一〇日に評価プロセスを実施した。時系列で整理したこれらの流れを図13―4に示す。

評　価

評価プロセスでは、継続的に位置情報の付与がなされているのか、GEOWRAPデータベースが継続的に更新されているのかを評価した。また、付与された位置情報を利用して、データベースが結合され、必要となる基礎データベースが構築できているのかを評価した。評価の結果は次の通りであっ

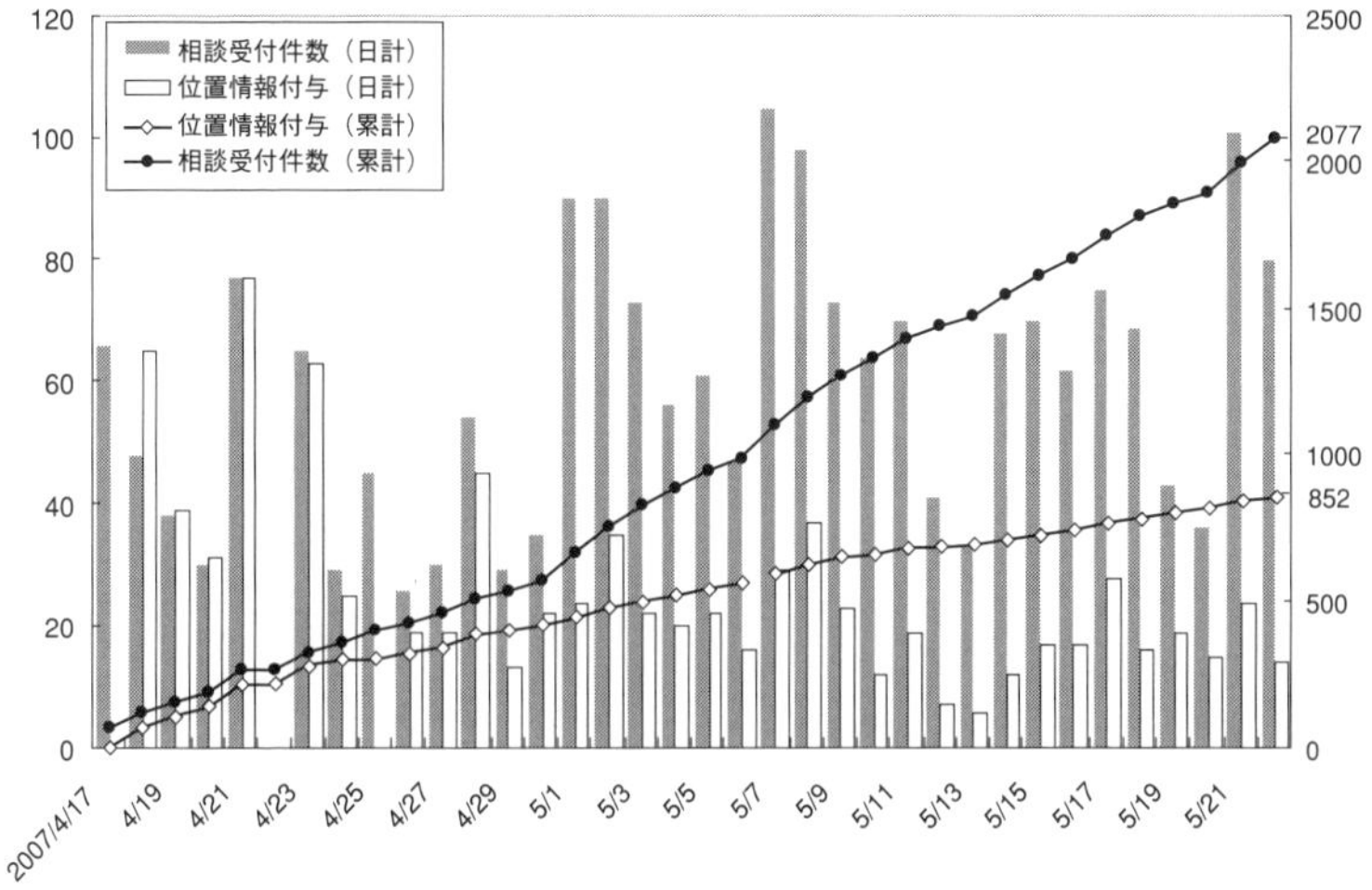

図 13－5　受付件数と位置情報付きの相談情報管理件数

た。

① 短時間での学習による能力向上の実現

個別で実施した場合には、丁寧にモデリング、コーチングを進めたためコミュニケーションが多くなり長時間を要したが、グループでの実施では、学習の実施自体は短時間で進められた。いずれの場合でも、位置情報の付与は確実に実施され、学習者の能力は十分な業務遂行レベルに達した。

短時間の学習による能力向上の実現の背景には、共同体の形成の果たした役割が大きい。学習の場を共有した学習者や、同じ目的をもった学習者の集まりを共同体とよぶが、グループでの実施では、共同体が明確に形成されるため、学習者同士のコミュニケーションにより、能力向上の強化がはかられた。この結果から、インストラクショナルデザインと認知的徒弟制理論を組み合わせた現場重視型の学習パッケージを適用する上では、同じ役割を担当する学習者に対して学習の場を共有させて共同体を形成することが、学習環境の設計の上での重要な要件であることが明らかとなった。

② 位置情報付き被災者台帳の確認と更新

実施プロセスでの教授を受けた職員は、継続的に相談窓口業務を遂行し、日々相談に訪れる被災者の情報収集と被災者に関する台帳の構築を行っていった。入力件数の推移状況は図13−5のとおりである。

図13−5より申請者の平均的な来訪回数は約二・四回である。そのため、相談受付対応者は最初の相談受付時に位置情報を確実に付与できなくとも、各窓口で同じ台帳を参照し、申請者に関する情報を確認すれば、二回目以降の来訪時に位置情報が付与されていない申請者に対しても改めて位置情報を付与することが可能となる。すなわち、必要な情報に位置情報が付与されて一元的に管理された台帳（GEOWRAPデータベース）の援用と、相談対応業務の中に位置情報の確認作業を組み込むことで、確実な位置情報付きの被災者台帳（GEOWRAPデータベース）の更新を実現できた。

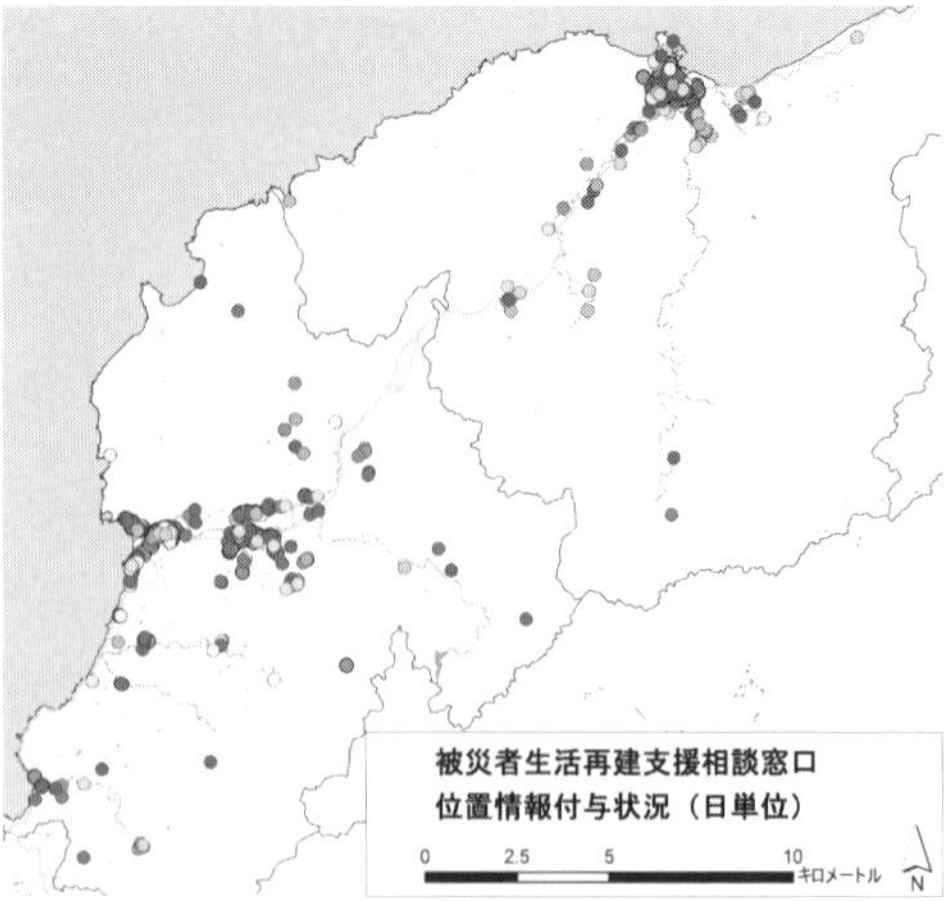

図13−6　相談訪問の進捗状況図

また、相談受付窓口では、相談者の住居建物に対して発行された「り災証明書」に関する情報も収集した。り災証明書は、被災者の建物に対してどの程度の被害を受けたのかを示した公的な証明書である。このり災証明書をもとに、被災者は市民税や固定資産税の減免が適用されたり、解体や廃棄物処理費用の援助を受けられたり、建築申請時の申請費用が免除されたりする。すなわち、り災証明書は市としても各課が提供するサービスの内容を確定するために重要な証明文書である。輪島市の復興支援室では相談受付窓口を通して、り災証明書の情報を取得し、位置情報付き被災者台帳（GEOWRAPデータベース）へと統合した。この被災者台帳の構築によって、輪島市としては各課で広く使用することが可能な被災者の被災状況に関する基礎台帳をもつことが出来た。この基礎台帳を管理し、基礎情報をもとに各課の業務を運用することで、各課のもつ情報も容易に統合できるようになり、市として向き合うべき被災者の現状を包括的に捉えることが可能となった。

結果的に、位置情報が付与された形で相談の受付情報が管理されたために、相談窓口の担当課である復興支援室は、日々、地図によって相談受付の進捗状況を管理することが可能になった。進捗状況図の例を図13-6に示す。この地図を用いて、どの地区から多くの相談者が訪れているのか、あるいは相談に訪れていない地区はどこかなどを把握し、さらに、被害状況や他課で管理された情報を同一の空間上に配置することで情報統合を行い、その後の体制確立や業務方針を決定した。

研究者（外部支援者）の撤退

二〇〇七年五月一〇日を最後に、研究者（外部支援者）は撤退した。その後も実務者による業務の運用は続けられ、現在（二〇〇七年七月一三日現在）でも続いている。現在では、現場職員からの要求もなく、彼ら自身の業務として位置づけられ、運用されている。業務の効率化を実現する台帳の更新も継続的に実施され、実務者が必要に応じて台帳を参照し、方針決定や現状把握のための地図を自分たちの手で作成している。

危機対応現場での教育は単に手法・技術を学ぶだけでなく、扱う情報により何が実現されるのか、次に何を思案するべきかなど、考え方や意思決定能力などの改善にも大きく寄与しなければならない。この点において、今回の事例を通して筆者らが実施した教育プロセスは非常に効力を発揮したと考えられる。

ここで提示した事例は輪島市に特化したものであるが、教育モデルは一般化されることで他の自治体や危機対応機関において適用可能となる。技術や手法は日々進化する。しかし実務者が直面する状況に応じて手法や技術を選定し、それらを実務者自身が扱い、業務の流れとその目標を明確に把握することができなければ、その場しのぎの対応を進めるしかない。必要に応じた業務分析と設計・開発を行い、その成果を現場において短期間で教育することにより、その後の長期的な業務の効率化・合理化が実現されるという教訓は今後の危機対応に生かす必要がある。

参考文献

第1講

（1）第一三次国民生活審議会総合政策部会二次報告、一九九二
（2）佐々淳行『危機管理のノウハウ』ＰＨＰ文庫、第一巻、一九七〇

第2講

（1）Weisbord M. & Janoffs. Future Search 2nd ed. Berrett-koehler Publishers, 2000

第3講

（1）経済産業省「企業における情報セキュリティガバナンスのあり方に関する研究会報告書」二〇〇五
（2）内閣府（防災担当）『事業継続ガイドライン 第一版――わが国企業の減災と災害対応の向上のために』二〇〇五

第4講

（1）EU Commission, Standardised Framework for Risk Management in the Customs administrations of the EU, 2006
（2）日本リスク研究学会『リスク学事典』ＴＢＳブリタニカ、二〇〇〇
（3）田村圭子、林　春男、立木茂雄、牧　紀男ほか「ワークショップによる、ステークホルダー参画型防災戦略計画策定手法の開発」『地域安全学会論文集』第六号、一二九〜一三八頁、二〇〇四
（4）プロジェクト・マネジメント協会『プロジェクトマネジメント知識体系ガイド』ＰＭＩ出版部、二〇〇〇
（5）田村圭子、林　春男、牧　紀男、木村玲欧、井ノ口宗成「参画型による危機対応戦略計画のためのリスク同定・評価手法の提案」『地域安全学会論文集』第九号、二二五〜二三四頁、二〇〇七
（6）National Research Council 編／林　裕造、関澤　純監訳『リスクコミュニケーション』化学工業日報社、二〇〇三
（7）吉川肇子『リスクとつきあう』有斐閣選書、二〇〇〇

第5講

（1）トム・デマルコ『熊とワルツを』日経BP社、二三八頁、二〇〇三
（2）中央防災会議『東南海・南海地震に関する専門調査会』二〇〇一
（3）『大辞林 第二版』三省堂
（4）Evans, J. M. & Olson, D.L.『リスク分析・シミュレーション入門——Crystal Ballを利用したビジネスプランニングの実際』構造計画研究所、三五三頁、一九九九
（5）Tom DeMarco, RISKOLOGY, 2004　http://www.systemsguild.com/riskology/

第6講

（1）ニューパブリックマネジメントに関する参考文献としては以下のようなものが挙げられる。
大住荘一郎『ニューパブリックマネジメント：理念・ビジョン・戦略』日本評論社、一九九二
大住荘一郎『ニューパブリックマネジメント：戦略行政への理論と実践』日本評論社、二〇〇二
上山信一、井関友伸『自治体再生戦略』日本評論社、二〇〇三
また、戦略計画についてはに関する参考文献としては以下のようなものが挙げられる。
龍　慶昭、佐々木亮『戦略策定の理論と技法——公共・非営利組織の戦略マネジメントのために』多賀出版、二〇〇二
（2）龍　慶昭、佐々木亮『政策評価の理論と技法 増補改訂版』多賀出版、二〇〇四
（3）上山信一、井関友伸『自治体再生戦略』日本評論社、二〇〇三
（4）中央防災会議『地震防災戦略』二〇〇五
（5）中央防災会議『首都直下地震の地震防災戦略』二〇〇六
業務継続計画（BCP）に関する参考文献としては以下のようなものが挙げられる。
丸谷浩明、指田朝久『中央防災会議「事業継続ガイドライン」の解説とQ&A——防災から始める企業の事業継続計画（BCP）』日科技連出版社、二〇〇六
SEMI日本地区BCM研究会『事業継続マネジメント入門——自然災害や事故に備える、製造業のためのリスクマネジメント』共立出版、二〇〇五

（6）内閣府『事業継続ガイドライン 第一版――わが国企業の減災と災害対応の向上のために』内閣府、二〇〇五

第7講

（1）①世論操作＜②不満をそらす操作＜③一方的な情報提供＜④形式的な意見聴取＜⑤形式的な参画機会拡大＜⑥官民の共同作業＜⑦部分的な権限委譲＜⑧住民主導（Arnstein, Sherry R., A Ladder of Citizen Participation, *JAIP*, 35(4), 216–224, 1969(July)

（2）大住荘四郎『NPMによる経営革新』学陽書房、二〇〇五。上山信一ほか『自治体再生戦略――行政評価と経営改革』日本評論社、二〇〇三を参考に決定。

（3）EqTAP EDM-NIED PROJECT, "MARIKINA SAFETY PROGRAM" FINAL REPORT, 2004

第8講

（1）業績測定（Performance Measure）については、上山信一監訳・監修『行政評価の世界標準モデル――戦略計画と業績測定』東京法令出版、二〇〇一。龍　慶昭、佐々木亮『政策評価の理論と技法』多賀出版、二〇〇〇

（2）上山信一監訳・監修『行政評価の世界標準モデル――戦略計画と業績測定』東京法令出版、二六頁、二〇〇一

（3）国土交通省「国土交通省業務継続計画」、二〇〇七

（4）「セオリー評価」に関する記述は以下の文献による。龍　慶昭、佐々木亮『政策評価の理論と技法』多賀出版、二〇〇一

（5）制約理論TOCについてくわしく知りたい人は下記の文献を参照。
エリヤフ・ゴールドラット『ザ・ゴール――企業の究極の目的とは何か』ダイヤモンド社、二〇〇一
エリヤフ・ゴールドラット『ザ・ゴール2――思考プロセス』ダイヤモンド社、二〇〇二
中野　明『エリヤフ・ゴールドラットの「制約理論」がわかる本』秀和システム、二〇〇六
H・ウイリアム、デトマー『ゴールドラット博士の論理思考プロセス――TOCで最強の会社を創り出せ！』同友館、二〇〇六

（6）奈良県、奈良県地震防災アクションプログラム、二〇〇五
http://www.pref.nara.jp/bosai/tokatsu/bosai1/action/action.pdf

（7）Sustainable Seattle, Indicator Report, Sustainable Seattle, 1998 http://www.sustainableseattle.org/pubs/1998IndicatorsRpt.pdf/download

第10講

（1）NWCG Incident Command System National Training Curriculum 1994

（2）林　春男「日本社会に適した危機管理システム基盤構築」『消防防災』第二〇号、二～一一頁、二〇〇七

第11講

（1）兵庫県「全庁体制に伴うスペース不足、対策の長期化による災害対策業務と平時業務との混在など、県災害対策センターの機能・レイアウトが必ずしも十分ではなかった」台風第二三号災害検証報告書、二〇〇四

（2）東田光裕、牧　紀男ほか「標準的な危機管理体制に基づく危機管理センターと情報処理のあり方――自治体における危機管理センターと情報処理の現状分析」『地域安全学会論文集』第七号、七一～七八頁、二〇〇五

第12講

（1）遠藤　功『現場力を鍛える』東洋経済新報社、二〇〇六

（2）Gagne, R.M., *et al. Principles of Instructional Design*, 5th Ed.（2005）Wadsworth

（3）Gillis, T.K., *Emergency Exercise Handbook: Evaluate and Integrate your Company's Plan*, Penwell Publishing Company, 1996（ギリス・Ｔ『事業継続マネジメント――ＢＣＭ訓練デザインマニュアル』ＮＴＴ出版、二〇〇七）

第13講

（1）ディック・Ｗほか『はじめてのインストラクショナルデザイン』ピアソンエデュケーション、三八一頁、二〇〇四

（2）島　宗理『インストラクショナルデザイン――教師のためのルールブック』米田出版、二〇〇四

Ｒ・Ｍ・ガニェほか、鈴木克明・岩崎信監訳『インストラクショナルデザインの原理』北大路書房、二〇〇七

（3）Allan Collins, Brown, J. S. and Newman, S. E., Cognitive Apprenticeship: Teaching the Crafts of Reading, Writing, and Mathematics, *Knowing, Learning, and Instruction, Essays in Honor of Robert Glaser*, pp.453－494, 1989

（4）消防庁、被害速報第四三報。http://www.fdma.go.jp/data/ 010704141750361544. pdf, 2007

（5）井ノ口宗成、林　春男ほか「短期の学習モデルを取り入れた自治体職員によるＧＥＯＷＲＡＰデータベース利

用型の効果的な危機対応業務の実現——二〇〇七年能登半島地震災害への輪島市の対応を事例として」『地域安全学会論文集』第九号、一七三〜一八二頁、二〇〇七

■執筆者紹介■

林　春男（はやし・はるお）

京都大学防災研究所巨大災害研究センター･教授。1951年生まれ。カリフォルニア大学ロスアンジェルス校博士課程修了。Ph.D. 弘前大学助教授、広島大学助教授、京都大学防災研究所助教授を経て、1996年より現職。専門は社会心理学、危機管理、災害情報システム。文部科学省科学技術･学術審議会専門委員、消防庁消防審議会委員等を務める。主な著書に『災害のあと始末』(エクスナレッジ、林 春男 監修)、『12歳からの被災者学―阪神・淡路大震災に学ぶ78の知恵』(日本放送出版協会、土岐憲三･河田惠昭･林 春男 監修)、『いのちを守る地震防災学』(岩波書店)、『率先市民主義―防災ボランティア論講義ノート』(晃洋書房) 等がある。

〔第1～3，9，10，12講〕

牧　紀男（まき・のりお）

京都大学防災研究所巨大災害研究センター･准教授。1968年生まれ。京都大学大学院工学研究科博士課程単位取得退学。博士(工学)。京都大学大学院工学研究科助手，理化学研究所地震防災フロンティア研究センター、防災科学技術研究所地震防災フロンティア研究センターなどを経て、2005年より現職。研究テーマは、戦略計画の枠組みに基づく参加型計画手法の開発、災害後の復興計画、災害後の住宅誌など。著者に『動く家―ポータブル・ビルディングの歴史』(翻訳、鹿島出版会)、『地震防災のはなし―都市直下地震に備える』(分担執筆、朝倉書店) がある。

〔第6～8，11講〕

田村圭子（たむら・けいこ）

新潟大学災害復興科学センター･特任准教授。1960年生まれ。京都大学大学院情報学研究科博士後期課程単位取得退学。博士 (情報学)。京都大学防災研究所研究員 (2004年) を経て、2006年より現職。専門は危機管理、災害福祉の視点から、新潟県に発生した災害を中心的なフィールドとして、災害対応における具体的な課題抽出と解決策提案を研究分野としている。著書(分担)に『民主主義の文法』(萌書房)がある。

〔第4，5，13講〕

井ノ口宗成（いのぐち・むねなり）

京都大学大学院情報学研究科･博士後期課程在学。1980年生まれ。2003年に京都大学工学部地球工学科を卒業し、2005年に京都大学大学院情報学研究科修士課程を修了。専門は危機情報学。現在、危機対応に関する業務分析と効果的な情報処理システムを取り入れた合理的な業務モデルの構築、新しい業務モデルの現場への定着化手法について研究している。

〔第4，5，13講〕

組織の危機管理入門
リスクにどう立ち向えばいいのか　〈京大人気講義シリーズ〉

平成 20 年 2 月 15 日　発　　行
平成 27 年 8 月 20 日　第 4 刷発行

著作者　林　春男・牧　紀男
田村圭子・井ノ口宗成

発行者　池　田　和　博

発行所　丸善出版株式会社
〒101-0051 東京都千代田区神田神保町二丁目17番
編集：電話(03)3512-3264／FAX(03)3512-3272
営業：電話(03)3512-3256／FAX(03)3512-3270
http://pub.maruzen.co.jp/

組版印刷・日経印刷株式会社／製本・株式会社 松岳社

ISBN 978-4-621-07951-5 C1330　Printed in Japan